Un Homme sur deux
est une femme

Noémie de Lattre

Un Homme sur deux est une femme

En string et en colère

Flammarion

ISBN : 978-2-0813-7809-4

À tous ceux que ça intéresse

Sommaire

Comment je suis devenue féministe

Comment ai-je pu devenir féministe, alors que ce mot m'a toujours fait penser à une vilaine nana aux cheveux courts et gras, aux aisselles poilues et au poing revanchard ?

Très jeune, j'ai pu m'engager aussi fièrement que facilement contre le racisme, l'homophobie, et l'intolérance en général mais, bizarrement, m'engager pour défendre la cause des femmes m'a toujours donné l'impression d'une lutte ringarde contre les hommes.

Et je ne crois pas être la seule.

En effet, vous pouvez partir en croisade contre la souffrance animale, vous serez suivi sans réserve par des milliers de gens, mais si vous commencez à parler de viol, d'excision, de violence conjugale, ou de harcèlement, on vous demandera assurément de développer le contexte, et si on est bien sûrs qu'elle ne l'a pas cherché ? Et comment était-elle habillée ? Et est-ce que vous ne seriez pas en train de stigmatiser les jeunes de banlieue ? Et est-ce que, finalement, vous ne seriez pas tout simplement un boudin, une frigide et aigrie qui aimerait bien se faire siffler dans la rue mais qui est trop vieille pour ça ?

Parlez des enfants, des nains, des Roms, des catholiques, des juifs, de qui vous voulez : qu'on se sente concerné ou pas, on saluera votre salutaire engagement.

Mais osez parler des femmes : on vous enverra des kilos de merde au visage.

Même les associations de roux en colère trouvent meilleure grâce à nos yeux.

On est facilement contre le racisme, contre l'homophobie ou contre les fanatismes, mais on a du mal à être pour les femmes… Étonnant, non ?

Est-ce parce qu'il est plus facile d'être *contre* quelque chose que *pour* quelque chose ?

Est-ce parce qu'on s'unit mieux dans la haine que dans l'amour ?

Ou est-ce tout simplement parce qu'on a un problème avec les femmes ?

Je ne sais pas.

Tout ce que je sais, c'est qu'aujourd'hui je suis engagée pour les femmes. Je suis féministe donc, comme on dit.

Alors qu'est-ce qui a bien pu se passer ?

Rien de bien spécial en réalité, juste une somme d'injustices observées, d'absurdités remarquées, de réflexions faites, et de colères déchaînées… par mon regard de femme, à ma place de femme, entourée d'autres femmes… dans ce monde d'hommes.

Par exemple, j'ai remarqué que, pour la seule raison que je suis une femme, je ne suis pas libre d'être ou de faire ce que je veux, et je n'ai ni les mêmes droits ni les mêmes opportunités que si j'avais été un homme.

Ça semble difficile à croire… en France… en 2016…

Et pourtant c'est vrai.

Je suis auteur et metteur en scène (métiers qui n'ont pas de féminin sous Word !), actrice, humoriste et chroniqueuse. Je danse, j'aime changer souvent de couleur de cheveux et je mène une existence fort divertissante.

Je ne suis ni journaliste, ni philosophe, ni sociologue, je ne milite pas, je ne fais partie d'aucune association, et je me suis penchée sur la question des femmes pour la première fois il y a à peine quatre ans.

Tout ça pour dire que je ne prétends pas élaborer de grandes théories ou apporter des réponses définitives à quoi que ce soit.

Au contraire, je me pose des questions.

Plus précisément, je remets en question ce que, jusque-là, j'estimais acquis, évident et « naturel » à propos de la place des femmes dans notre société.

Je pensais que c'était une démarche inoffensive qui m'attirerait la sympathie que méritent les humanistes ; eh bien, pas du tout !

C'est fou ce que les gens deviennent violents dès qu'on leur parle des femmes… Comme avec la politique ou les religions.

Vous-mêmes, qui êtes en train de lire ces lignes, il y a sans doute des chapitres de ce livre qui vont vous énerver : IVG, autoconservation des ovocytes, prostitution, tâches ménagères, plafond de verre, voile, congés paternité, galanterie, éducation, harcèlement de rue, stéréotypes, GPA, etc.

Mais j'assume.

J'espère que mon témoignage de femme vous interpellera et vous invitera à remettre en question certains préjugés.

J'espère aussi que ce livre contribuera à rendre les femmes plus libres en aidant à changer le regard que notre société porte sur elles.

Je sais, c'est ambitieux.

Mais j'ai des grands rêves.

Je ne veux plus être une minorité

C'était pendant la Coupe du monde de football 2014, au Brésil : tout n'était pas encore perdu pour la France quand je me suis rendu compte que tout était encore loin d'être gagné pour les femmes… Un des régisseurs du théâtre dans lequel je jouais à l'époque me dit avec un clin d'œil complice : « Alors ? Tu dois être heureuse que le pays le plus en vue du moment ait une femme comme président ? C'est vraiment super, non ? »

Bien sûr j'ai répondu à son clin d'œil avec un « oui oui » enjoué et rieur, mais la vérité c'est que « non ! NON ! »

Non, ça n'est pas particulièrement super ! Elle a juste gagné une élection ! C'est normal ! On ne devrait même pas remarquer le sexe d'un élu politique : ça n'est pas pertinent !

C'est comme quand, la même année à propos de la nomination de Laurence Bloch à la tête de France

Inter, un ami un peu lourd (j'en ai quelques-uns...) se plante victorieusement devant moi et me lance : « Ah ben, là, on peut pas dire que c'est pas formidable hein ?! Tu vois, on fait des choses pour les femmes ! » Pardon ? À quel moment c'est formidable de voir une femme capable, brillante et expérimentée, obtenir ce poste après vingt ans de maison ? Il va falloir qu'elle dise merci ? Enfin ça me semble simplement tout à fait normal ! Et ça n'est pas quelque chose qu'on a *fait pour* elle : elle l'a fait toute seule !

En fait je me suis aperçue que je n'en peux plus que nous, les femmes, soyons traitées comme des femmes, et non comme des individus, comme des Hommes.

Je n'en peux plus qu'on précise encore le sexe des exploits et des succès : « C'est la première femme à avoir remporté bla-bla-bla bla-bla-bla... » ; est-ce qu'on dit « c'est le premier chauve à avoir remporté bla-bla-bla bla-bla-bla » ?! Ou le premier gros ? Non.

Je suis tellement irritée que *Les Gazelles* ou *Sous les jupes des filles*, sortis il y a peu au cinéma, soient considérés comme des « films de filles », et non pas juste comme des « films » (bien ou pas bien, là n'est pas le propos, mais des films !). Est-ce que *Le Cœur des hommes* est un film de mecs ? Non ! C'est un film, point.

Et ces chiffres humiliants censés dénoncer les inégalités hommes/femmes : seulement 2 % de chefs d'orchestre femmes, 8 % de chorégraphes, 14 % de metteures en scène (mon correcteur orthographique ne valide même pas le mot « metteure »), 20 % d'entrepreneuses, etc. Pardon, mais moi je n'entends pas que c'est injuste, j'entends que les femmes sont nulles et qu'elles n'ont pas de talent, ce qui est sensiblement différent, vous l'admettrez.

Et cette parité qui, j'en conviens, part d'une bonne intention, mais qui est appliquée d'une manière très infantilisante…

Je ne veux pas qu'on nous concède quelques places, quelques postes, quelques sièges… Je veux simplement avoir les mêmes chances que les hommes et ensuite me battre à la régulière. Je veux obtenir les choses parce que je les mérite, pas parce que je suis une femme. Et surtout ne pas entendre ce « c'est bien pour une femme » tellement condescendant…

Voilà : je voudrais pouvoir me définir hors des limites de mon sexe.

Je suis une femme, certes, mais je suis aussi française, rousse, actrice, auteure, agnostique, petite, marrante… Je voudrais pouvoir être abbé, amiral ou roi du monde si ça me chante ; et je veux être libre de me faire mère au foyer, poule entretenue ou PDG, ou mère poule PDG !

Je ne veux plus être une minorité.

(Surtout une minorité majoritaire, c'est parfaitement ridicule.)

En France, les femmes sont plus nombreuses que les hommes et je ne crois pas qu'on ait de handicap particulier, on n'est pas plus débiles, on n'est pas moins fortes, on a le droit de vote… Alors pourquoi est-on encore une minorité, bordel[1] ?

Allons mesdames, soyons ambitieuses : ne nous contentons pas de ce qui nous reste, prenons ce qui nous manque !

1. Pardon, je m'énerve, mais avouez que c'est agaçant.

Je suis féministe et je porte des strings, n'en déplaise à Lou Doillon

On m'a exposé récemment une vision du rapport homme/femme que j'ai trouvée vraiment horrible, mais malheureusement pas complètement absurde...

Elle se résume ainsi : par la puissance qui leur permet d'abuser sexuellement des femmes, pendant des siècles, les hommes ont pu s'approprier l'individualité physique de ces dernières en s'accaparant le contrôle de leur temps (tâches domestiques), des produits de leur corps (enfants) et de leur sexualité (mariage, prostitution) ; les femmes se trouvant donc réduites à n'être que des « objets naturels » que l'on possède. Et leur corps, à cause duquel elles ont donc pu être exploitées en tant qu'objets sexuels, mères nourricières et servantes domestiques, est devenu le lieu par excellence de la domination masculine.

C'est pourquoi je crois tout à fait juste la théorie de Camille Froidevaux-Metterie qui explique que c'est ce soupçon de collusion avec l'ordre « phallocentré » du monde qui fait que « le corps des femmes ne peut être envisagé de façon positive et assumée, et que toute tentative des femmes de penser leur corps comme outil de plaisir, de séduction, d'intégration, ou de simple jeu d'image et d'apparence est immédiatement suspecte ». (En gros, les femmes qui utilisent leur féminité physique sont souvent traitées comme des collabos… !)

Et voilà pourquoi de nombreuses féministes n'acceptent pas que Beyoncé ou Clara Morgane puissent elles aussi être féministes…

Personnellement, j'ai la sensation d'avoir un physique assez grossier ; ni fin, ni délicat, ni féminin… C'est-à-dire que si j'arrive à me trouver parfois à peu près regardable, ça n'est certainement pas en étant juste moi-même, comme ça, avec mon slip et mon couteau. Non. C'est à grand renfort d'artifices.

Et comme si ce n'était pas déjà assez compliqué comme ça, sous prétexte que je suis féministe, quand j'essaie de me mettre à niveau en soignant mon apparence, on me reproche d'être « bien superficielle pour une soi-disant féministe… ».

Par exemple, depuis quelque temps, j'ai le projet de me faire refaire les seins[1], et je suis très excitée par cette idée, mais, dès que j'en parle, je me fais tout de suite tacler.

1. C'est sûrement déjà fait à l'heure où vous lisez ces lignes !

« Ah bah d'accord, tu te prétends féministe et tu te fais refaire les seins ! Bravo les convictions ! »

C'est-à-dire ? Il y a des conditions physiques à respecter pour avoir le droit de vouloir que les femmes soient libres ? En quoi la taille de mes seins influerait-elle sur mon engagement ?

« Non, mais les seins, c'est sexuel ; ça veut dire que tu ne fais pas ça pour toi mais pour plaire aux hommes ; donc tu te plies à la dictature phallocratique des gros seins… ! »

D'accord. Sauf que, en ce qui me concerne, ce n'est pas forcément pour être plus sexy, c'est pour avoir un corps plus harmonieux. C'est une question de proportions : je fais du 95 de tour de boule, donc 80 de tour de poitrine, ce n'est pas assez. Je voudrais simplement équilibrer (à noter que je n'ai pas l'intention de me coller deux demi-pastèques sous le menton façon seins d'adolescente ! Non. J'ai trouvé sur Internet les seins de mes rêves : plus gros évidemment, mais très naturels, lourds, plutôt ronds, très légèrement creusés sur le dessus, et avec des tétons arrogants qui regardent vers le ciel. J'adore !).

Mais, bref, quand bien même ça serait pour plaire : en quoi cela m'empêcherait-il d'être féministe ?

Pourquoi les féministes devraient-elles renoncer au plaisir de plaire et à la liberté de jouir de leur corps comme bon leur semble ?

Pourquoi les féministes devraient toutes se laisser pousser les poils aux pattes et avoir les aisselles malodorantes ?

Pourquoi les féministes, qui réclament simplement des libertés, devraient-elles commencer par s'en priver ?

Mon corps est à moi et j'en dispose librement. En prenant soin de mon apparence, je valorise mon bien ; et avec ce capital plus attractif, je m'offre de nouvelles possibilités et donc plus de libertés. Je suis dans une démarche d'augmentation de soi.

Encore une fois, en quoi cette avancée personnelle serait-elle anti-féministe ?

« Vive le tuning ! »

Allons-y, gonflons-nous les seins ou les fesses, rabotons-nous le nez ou la culotte de cheval, teignons-nous les cheveux ou faisons-nous faire des implants, blanchissons-nous les dents ou ne faisons rien si on préfère ! Mais, en tout cas, qu'on soit un homme ou une femme, disposons de notre corps selon nos goûts et notre bon plaisir !

Oui, Beyoncé a le droit d'être féministe malgré ses bodys sexy, n'en déplaise à Lou Doillon !

Oui, Clara Morgane a le droit d'être féministe malgré son passé de hardeuse et ses calendriers dénudés !

Et oui, j'ai le droit d'être féministe malgré mon éventuel futur 90 C en plastique !

Merci !

Pour ou contre la prostitution ?

Il existe des sujets qui concernent le cœur de la condition des femmes et sur lesquels je n'arrive pas vraiment à avoir un avis arrêté. La prostitution est l'un de ces sujets. Je ne sais pas ce que j'en pense.

Déjà, en termes de sensations, la prostitution m'attire et me repousse ; m'excite et me dégoûte…

Intellectuellement, si je parle dix minutes avec un partisan de l'interdiction de la prostitution (le corps des femmes n'est pas une valeur marchande, respectons-le, considérons-le ; les femmes ne sont pas des objets ; luttons contre la traite d'êtres humains, etc.), je suis convaincue. Bien sûr !

Mais si je parle dix minutes avec un partisan de la légalisation de la prostitution (droit des femmes à disposer d'elles-mêmes, pas d'ingérence, pas d'infantilisation ; la prostitution existera quoi qu'il arrive, donc mieux vaut l'encadrer pour protéger les travailleurs du sexe et leur donner des droits et une couverture sociale), je suis tout autant convaincue. Évidemment !

Par exemple, je sais qu'il est juste que le proxénétisme soit considéré comme un crime et que je suis contre la pénalisation de la prostitution, mais je ne sais pas si c'est réaliste.

Je sais que je souhaite que les femmes – toutes les femmes – soient libres de disposer de leur propre corps comme bon leur semble, mais je ne sais pas si c'est « disposer librement de son corps » que de se prostituer pour se payer des doses de crack.

Je sais que les conditions de travail des prostituées de la rue et des bois sont épouvantables, mais je ne suis pas sûre que la réouverture des maisons closes soit une bonne chose.

Je ne sais pas si les « escort girls » qui font ça dans des conditions plutôt chics pour payer leurs études mesurent vraiment les conséquences psychologiques que cela peut avoir ; je ne sais pas d'ailleurs s'il y a des conséquences psychologiques et quelles sont-elles.

Est-ce qu'il est vraiment préférable de travailler à la chaîne pour moins de 1 000 euros par mois plutôt que de se prostituer pour 200 euros de l'heure ? Je ne sais pas.

Si le problème est de vendre son corps, alors qu'en est-il des actrices, des mannequins, des danseuses ? Si le problème est de faire mal à son corps, qu'en est-il des gymnastes, des athlètes, des mannequins (encore elles) ?

Pourquoi est-il concevable de louer ses mains, son visage ou ses cheveux, mais pas son sexe ?

Et qu'en est-il des femmes qui louent leur utérus pour des GPA (gestation pour autrui) ?

La GPA est un sujet que je rapproche de la prostitution parce que je me pose le même genre de questions, auxquelles j'ai aussi peu de réponses… J'ai d'ailleurs fait l'expérience de comparer la carte du monde des pays qui autorisent la GPA à celle des pays qui autorisent la prostitution, et il est amusant de voir… que précisément il n'y a rien à voir. Aucune cohérence Visiblement, louer son vagin et louer son utérus sont deux choses très différentes pour certains pays. En Allemagne, par exemple, la GPA est interdite par la loi tandis que la prostitution est autorisée, légale et encadrée ; en Roumanie, c'est l'inverse : la prostitution est passible de prison tandis que la GPA est autorisée. D'autres pays en revanche interdisent les deux en utilisant les mêmes arguments…

Bref, quand je pose toutes ces questions à mon homme, il me répond « le sexe est un tabou » ; soit, mais est-ce que ce tabou est justifié, comme l'inceste ? Ou n'est-ce qu'une pudibonderie bigote ?

Et, s'il l'est, est-ce qu'il justifie ingérence, interdit, pénalisation… ?

La seule chose dont je suis sûre, c'est qu'il est scandaleux et malhonnête de faire reposer ce problème sur les épaules des femmes uniquement.

J'ai d'ailleurs toujours été choquée qu'il y ait mille noms péjoratifs pour désigner les prostituées, mais aucun pour désigner les clients des prostituées… comme s'il pouvait y avoir des putes sans clients, et comme si, encore une fois, tout était leur faute à elles… !

Je vais vraiment essayer de trouver des noms pour les clients des prostituées, ne serait-ce que pour que ces noms puissent devenir des insultes courantes, au même titre que « pute » ou « putain », parce qu'il n'y a pas de raison !

Pourquoi les jugements de valeur négatifs ne s'appliqueraient qu'aux corps prostitués et pas aux demandeurs/acheteurs de ces corps ?

Et puis ça éviterait l'emploi intempestif de mot comme « pédé » ou « enculé » qui ne désignent finalement rien d'insultant, je le rappelle au passage…

La terminologie est importante.

Dans l'affaire du Carlton par exemple, on voit très bien l'immense iniquité avec laquelle on juge les hommes d'un côté et les femmes de l'autre. Les femmes sont des putes, comme ça c'est simple ; leur nom est une insulte en soi ; et elles sont coupables de fait et indignes de confiance.

À tel point que des expertises psychologiques ont été mandatées pour Jade et Mounia, les deux prostituées qui témoignaient à charge et dont les observateurs se demandaient : « Que va peser leur parole face à celle de DSK ? », pour déceler dans leurs récits toute trace de mensonge et de tendance à l'affabulation ; alors que leurs témoignages sont tout de même assez clairs et corroborés par des dizaines de témoins, et surtout qu'à ma connaissance aucune expertise n'a été mandatée sur Dodo la Saumure…

Donc, on a d'un côté d'indignes putes qui finiront peut-être en taule pour racolage, et de l'autre un vieux séducteur à la française qui s'amuse avec son ami DSK à draguer des jeunes femmes consentantes… deux poids, deux mesures !

Et, dernière question : la prostitution (des hommes ou des femmes) est quasiment exclusivement adressée aux hommes ; comment se fait-il qu'il y ait si peu de prostitution masculine pour les femmes ?

Je sais d'avance que la réponse va m'énerver…

Faites-moi rêver ! (pour libérer la sexualité féminine de ses tabous)

Pourquoi n'y a-t-il pas (ou si peu) de prostitués pour les femmes ?

De toute façon, globalement, il n'y a pas grand-chose pour les fantasmes sexuels des femmes.

En ce qui concerne les représentations féminines de l'amour, du sexe et du plaisir, les fantasmes sont très pauvres, les images rares, et les modèles désespérément binaires… Nous avons le choix, pour nous inspirer, entre la pornographie traditionnelle (donc destinée essentiellement aux hommes), les comédies romantiques, et les contes de fées ou la pornographie pour dames.

Eh bien, je vous prie de croire que ça n'est pas gagné…

Vous me direz, on a déjà la chance d'habiter un pays où la masturbation féminine n'est passible ni de prison ni d'excision, et où on peut trouver des godemichés et autres vibromasseurs à tous les coins de rue... Certes.

Mais les images, les modèles, où sont-ils ?

Car, non, je ne me reconnais pas dans ces filles à socquettes et à sexe minuscule que me propose la pornographie et qui semblent prendre un plaisir fou à se faire « gang-banguer » par des hordes d'hommes bâtis comme des Fenwick...

Non, je n'ai pas envie de leur ressembler et de me plier à la folie hygiéniste qui m'impose, pour que tout soit bien aseptisé et bien civilisé, une épilation intégrale du maillot sous peine de passer pour une vieille dégueulasse, des lingettes intimes et des parfums « d'ambiance » pour être bien certaine de ne surtout pas sentir... la femme ; des décolorations d'anus et des liftings du vagin (des « vaginoplasties » ou des « chattoplasties », je ne sais pas comment s'appellent ces ravalements de façade intime). Non. Merci.

Je ne veux pas non plus céder à cette dictature de l'orgasme qui vient m'insulter jusque sur mon oreiller en me traitant de frigide ou de frustrée si je ne baise pas au moins cinq fois par semaine et si je ne jouis pas à m'en décrocher le périnée au moins une fois sur deux !

Et je refuse cette épouvantable pression de la performance qui m'oblige à subir de la part de partenaires-marteaux-piqueurs qui ressemblent plus à des pilonneurs à piston qu'à de sensuels amants, des saillies en mode lime industrielle qui font plus penser à des séances d'abdos fessiers qu'à de suaves étreintes érotiques !

Par ailleurs, je ne peux pas m'empêcher de me moquer un peu de ces jeunes filles qui, au nom d'une sexualité décomplexée et libre, parlent de leur « chatte » à tout bout de champ et rivalisent de vulgarité pour afficher un épanouissement sexuel dont je doute légèrement…

Enfin, je ne suis pas fan de l'idée que mon homme se retrousse les manches pour m'honorer, persuadé qu'il doit se tenir au garde-à-vous au moindre coup de sifflet (amis de la métaphore bonjour !).

Malheureusement, ce n'est pas parce que je ne trouve pas mon bonheur dans les fantasmes proposés par la pornographie que je le trouve ailleurs…

Et à ceux qui voudraient l'interdire sous prétexte que le reflet irréaliste de la sexualité qu'elle propose est nocif, je suggère dans ces cas-là d'en faire autant avec Bridget Jones, tous les contes de fées et autres comédies romantiques à l'eau de rose.

Parce que la pornographie n'est pas moins réaliste que les comédies romantiques.

Dans la vraie vie, le type avec des gnous brodés sur son pull et qui vous regarde comme si vous étiez en sucre : même pas en rêve il vous touche, alors vous faire jouir ?

Encore une fois, je ne suis pas concernée ! Cette Américaine à grosse culotte qui cherche un gentil mari asexué ne me ressemble pas.

Pas plus que cette princesse qui ne couche pas avant le mariage ou ces jeunes filles qui ne font jamais ça le premier soir et considèrent la levrette et la fellation comme des pratiques dégradantes… et je ne parle pas de sodomie bien sûr, on n'est pas des bêtes !

Le pire étant cette tentative de pornographie adressée aux femmes…

Je suis une ménagère de moins de cinquante ans, d'accord.

Donc j'ai accepté que les pubs pour débouche-chiottes et serviettes hygiéniques avec capteurs d'odeurs me soient adressées, très bien.

Je suis également une mère de famille, donc je passe aussi sur le fait qu'on peut s'adresser à moi comme si j'étais retraitée, ou demeurée, ou les deux, OK.

Je suis en outre une femme respectable, et donc supposée faire passer ma progéniture avant tout et rendre des comptes à une société sexiste, soit.

Mais le « mum porn » ? Sérieusement ? Alors ça non, je refuse !

Pour celles et ceux qui l'ignorent, les « mum porn », c'est comme *Cinquante Nuances de Grey* : ce sont ces romans pornographiques pour « mamans ». Sauf que l'érotisme version « ménagère de moins de cinquante ans », ça serait un peu comme du sexe lavé à l'eau de Javel, vous voyez ?

Cette prétendue littérature érotique obéit à des codes aussi précis que rétrogrades : les femmes s'appellent toutes « Jeanne » ou « Sylvie », elles sont toutes infirmières, secrétaires ou assistantes ; elles tombent systématiquement amoureuses de leur chirurgien/patron/supérieur, et elles ne fantasment que sur des hommes richissimes et très beaux.

Sachez également, mesdames, que sans aucun scrupule, les héroïnes sont toutes représentées comme totalement dominées socialement par Monsieur, et absolument asservies financièrement ; elles n'ont ni talent ni ambition, jamais de pouvoir, et sont rarement des flèches… Mais, en revanche, on ne les représente jamais pratiquant une fellation ou se faisant prendre en levrette, parce que ça, c'est vraiment dégradant !

Le secret du bonheur pour ces femmes ? Une carrière aussi plate que leur vie sexuelle.

Ensuite, le cahier des charges se décline ainsi : un baiser à chaque chapitre, pas plus de deux coïts par tome, composés d'un missionnaire, et d'un autre missionnaire ; madame n'est jamais au-dessus bien sûr, elle risquerait de maîtriser son plaisir ; et naturellement, à chaque rapport, maman a un orgasme.

Oui, parce que cela va sans dire, le plaisir n'existe pas en dehors de l'orgasme.

Et, bien sûr, pas d'orgasme sans pénétration : tout ce qui est cunnilingus, on se le carre bien derrière l'oreille ! (D'ailleurs mon correcteur orthographique refuse ce mot : ça n'existe pas !)

Donc voilà, dans ces « mum porn », pour nous faire *fantasmer*, pour nous faire *rêver*, on nous propose ces femmes qui, entre photocopieuses et détergents, s'ennuient au bureau et s'ennuient au lit sans aucune perspective d'amélioration mais qui disent « Encore » et « Merci » au puissant monsieur viril qui a condescendu à les honorer d'un propre et courtois petit coup.

Bilan, on me propose l'éternelle alternative : « la Vierge ou la Putain », qui se décline aussi en « la Maman ou la Putain ».

J'étouffe ! Je voudrais avoir une autre option, si c'est possible.

(Il est amusant de noter qu'on utilise indifféremment ces deux expressions « la vierge et la putain » ou « la mère et la putain » ; comme si on pouvait être vierge ET mère… ! Alors je sais qu'une certaine Marie a essayé de nous le faire croire il y a deux millénaires, et je sais qu'en chaque homme sommeille un petit garçon qui voudrait tellement être certain que maman n'est pas une putain qu'il est prêt à la croire vierge ; mais quand même… c'est abusé, non ?)

Bref, quoi qu'il en soit, cette alternative est d'une tristesse folle : les putes n'ont droit ni au respect ni à l'amour, et les vierges n'ont pas droit au sexe.

D'ailleurs, les sex-shops de Pigalle se renomment aujourd'hui « love-shop » quand ils s'embourgeoisent dans les quartiers chics pour arriver jusqu'à la ménagère.

C'est donc bien ça : du sexe pour les unes, de l'amour pour les autres.

Finalement, la seule chose qui les rassemble, c'est qu'aucune d'elles n'a droit au plaisir.

Eh oui : d'un côté si vous dissociez le sexe du sentiment et n'avez pas besoin d'aimer pour zouker, et si vous « baisez » au lieu de « faire l'amour », c'est que vous êtes une abominable traînée qui, du coup, mérite qu'on la maltraite un peu, qu'on lui manque de respect beaucoup, et qu'on se contre-foute totalement de son plaisir à elle.

Bien sûr ! Vu que vous êtes une pute, vous êtes à la merci du bon plaisir de votre partenaire et vous vous retrouvez à subir des pratiques que vous n'avez pas forcément désirées. Ou en tout cas pas comme ça, à jeun, à froid et sans sommation...

De l'autre côté, si vous êtes une femme respectable, vous ne distinguez pas le sexe du sentiment et vous avez besoin d'être amoureuse pour jouir. Voire il vous suffit d'être amoureuse pour jouir... voire mieux vaut être amoureuse que jouir, c'est plus décent.

Du coup, de peur de faire trembler vos sentiments, on se dit qu'il ne faut pas trop vous bousculer et on vous fait l'amour sans toucher les bords... Vous voilà condamnée à des années de missionnaires et de saillies aussi brèves qu'hygiéniques, donc, forcément, niveau plaisir... c'est limité !

Par ailleurs, j'en profite pour préciser que ça n'est pas parce que je dissocie le sexe du sentiment que je le dissocie du plaisir (quand on me pilonne en se checkant les abdos dans le miroir : ça ne me FAIT PAS JOUIR !).

Et ça n'est pas parce que je dissocie le sexe du sentiment que je le dissocie du respect (« Tiens prends ça dans ta face petite salope » peut éventuellement me faire rire si on s'était mis D'ACCORD AVANT !).

Qu'est-ce qu'on a fait au bon Dieu pour être des femmes ?

La défiance vis-à-vis du corps des femmes a quand même un avantage : elle met tout le monde d'accord.

Comme on a pu le voir par exemple dans le film à succès *Qu'est-ce qu'on a fait au bon Dieu ?* qui nous montre une formidable avancée dans la tolérance et l'intégration des HOMMES de toutes cultures et de toutes couleurs qui boivent du calva au fumoir en chantant *La Marseillaise* pendant que les FEMMES, elles, indépendamment de leur âge et de leur origine, restent bien toutes à la cuisine à faire la vaisselle. Voilà, le truc un tantinet énervant dans ce film, c'est que ça évolue pour tout le monde sauf pour les femmes qui, pour le coup, créent un très joli consensus en restant, que ce soit avec des voiles, des tabliers, des perruques, des chapeaux ou des colliers de perles, bien sagement à la cuisine.

Allons plus loin, s'il y a bien une chose qui met d'accord tous les fanatiques du monde, c'est que le corps des femmes est un danger, une perversion, dont il faut se protéger en le cachant, en le maudissant, en le mutilant si besoin… Le corps des femmes est une souillure ; et les désirs et les plaisirs qu'il provoque sont des péchés.

Alors, est-ce qu'on apprend aux hommes à contrôler leurs ardeurs ?

Est-ce qu'on leur explique que la convoitise ne rend pas propriétaire ?

Est-ce qu'on éduque les petits garçons pour qu'ils canalisent leurs pulsions ?

Est-ce qu'on enseigne dans toutes les écoles et les lieux de culte le respect des femmes ?

Bien sûr que non. Ce qu'on préfère, c'est tuer et bannir les femmes violées, exciser ou coudre les petites filles, lapider les femmes découvertes, leur mettre des perruques, des cornettes, des burqas, les cacher, les punir… de quoi ? D'être des femmes et de provoquer des pensées impures chez ceux qui les regardent…

Est-ce qu'on crève les yeux des voyeurs ? Est-ce qu'on coupe les mains des peloteurs ? Est-ce qu'on castre les violeurs ?

J'ai eu la chance, il y a presque vingt ans, de faire un voyage dans un pays magnifique, où j'ai fait des rencontres absolument magiques.. Mais où deux choses m'ont profondément frappée.

Je n'ai pas vu un seul visage de femme. Il n'y avait que des hommes dans la rue, dans les cafés, dans les transports… et quelques femmes, au visage voilé, dans les marchés.

Du coup, quand je marchais dans la rue, pourtant couverte des pieds au menton, je devais rester très concentrée pour éviter les dizaines de mains d'hommes qui essayaient de me toucher. C'était effrayant, mais je ne leur en voulais pas : comme moi, ils ne voyaient jamais aucune femme ; je peux comprendre qu'ils aient eu envie de toucher les seules qu'ils croisaient…

Cependant, au bout de cinq jours à ce régime, j'ai couvert ma tête d'un foulard que je pouvais ramener sur mon visage : je n'en pouvais plus !

La seconde chose qui m'a frappée, c'est cette rencontre avec une famille dont les deux femmes étaient voilées-grillagées-gantées dans le restaurant où nous dînions, mais qui, une fois chez elles, ont enlevé leurs voiles et découvert des cheveux décolorés, des talons aiguilles, des mini-jupes, des faux seins, des faux cils, et un maquillage de voitures volées.

Aujourd'hui encore, je ne m'explique pas cette image… Je n'ai pas compris.

En tout cas, ces deux expériences m'ont fait ressentir que, dans ce pays comme ailleurs, les femmes ne sont pas des Hommes comme les autres.

Les Hommes – les Humains – sont des hommes ; nous ne sommes que la femelle de l'homme ; l'accessoire, le secondaire, l'à-côté.

Même les espaces non-fumeurs sont mieux défendus que les femmes !

J'ai vraiment souvent le sentiment, en tant que femme, d'être un citoyen de seconde zone. Quand je vois les efforts de solidarité déployés pour lutter contre ces grands oppresseurs que sont les fumeurs, je ne comprends pas qu'on puisse encore, aujourd'hui, en France, se faire harceler dans la rue ou les transports en commun sans que personne ne moufte…

Je m'explique.

Il y a quelque temps, à la terrasse d'une brasserie, j'ai vu un jeune homme, sorti pour fumer sa cigarette, recracher sa dernière taffe avant de retourner dans le restaurant, au moment où un couple de quadras bobo en sortait. La femme, par hasard, s'est retrouvée traversant les volutes de fumée, et on aurait dit qu'on l'avait littéralement aspergée de napalm. Elle s'est mise à grimacer et à grogner contre le pauvre jeune homme jusqu'à ce que son mec la défende d'un : « Mais c'est pas vrai, faites attention, c'est dégueulasse ! », d'une virilité émouvante.

Alors oui, bien sûr, fumer c'est mal, la cigarette ça pue, le tabac ça tue, et c'est bien qu'on ait arrêté de fumer en voiture toutes vitres fermées avec les gosses à l'arrière. Campagnons contre le tabac et protégeons les non-fumeurs, bien sûr, c'est formidable.

Mais, de grâce (et notez bien s'il vous plaît que, moi qui vous écris, je suis une non-fumeuse), est-ce qu'on pourrait foutre la paix deux minutes aux fumeurs ? Est-ce qu'on pourrait leur lâcher le paquet deux secondes et cesser de les considérer comme des parias, d'atroces terroristes vils et malfaisants ne fumant que dans le but de nuire à la société ?

Soyez honnête, Madame, vous n'allez pas mourir d'un cancer spontané là maintenant tout de suite simplement parce que vous avez croisé un fumeur, si ?

Enfin ça va, on a ménagé des espaces pour les non-fumeurs et c'est très bien ; mais est-ce qu'on pourrait maintenant songer à rendre aux fumeurs le minimum vital d'espace topographique et moral, et s'occuper de régler des problèmes plus graves ?

Si vous êtes un redresseur de torts impénitent, vous êtes sûr qu'il n'y a pas mieux à faire que la chasse aux fumeurs ? N'y a-t-il pas d'autres priorités ? Des trucs plus importants contre lesquels lutter ? Je ne sais pas, au pif : le crime, le viol, le vol, le racket, la torture, l'excision, les pantacourts ?

En 2002, mon amie Samia A. s'est fait agresser sur le quai du RER E à la station Auber à une heure de pointe. Elle s'est fait tabasser par trois types qui lui ont pété une dent sans que personne, et je dis bien personne, ne bouge ou n'émette le moindre commentaire.

En 2008, mon amie Samia A. s'est permis d'allumer une cigarette sur le quai du RER E à la station Auber à 23 heures. Il n'y avait aucun usager à moins de cinq mètres d'elle et elle a estimé qu'elle ne dérangerait donc personne. C'est alors qu'une femme s'est approchée pour lui faire remarquer fermement que c'était interdit ; sans doute engrené par la pertinence de cette remarque, un grand monsieur s'est également approché d'elle et l'a traitée de délinquante. Et c'est alors que, prenant son courage à deux mains, un jeune couple est enfin allé tirer sur le signal d'alarme.

Eh bien, j'ai envie de dire « Merci » à ces gens. Merci d'avoir le courage d'opinions aussi tranchées et aussi audacieuses ! Merci pour ce bel élan de solidarité. Et merci d'oser ainsi brandir haut et fort les couleurs de vos grosses couilles violettes ! Heureusement que vous êtes là pour nous rappeler les vraies priorités et les valeurs essentielles de notre société…

On s'occupera du sexisme anti-hommes quand on aura réglé le problème du sexisme anti-femmes, d'accord ?

J'ai vu sur Internet *Majorité opprimée*, un court-métrage satirique d'Éléonore Pourriat, très drôle, montrant une société où tous les rapports de genre sont inversés : les hommes sont enceints, les femmes courent torse nu, etc.

C'est amusant et intelligent, le message est lumineux, c'est très bien.

Et v'là-t'y pas que je tombe, dans un journal, sur un commentaire d'un certain P. G. qui s'insurge contre l'impardonnable sexisme anti-hommes de ce film.

Sérieusement ?

Le sexisme anti-hommes ? Est-on sûr que c'est le premier commentaire à faire sur ce film ?

Dans ce cas-là, on peut aussi défendre en priorité les pauvres homophobes russes sur qui la communauté internationale a jeté l'opprobre, on peut créer une asso « les amis de Bernard Madoff », et on peut faire un groupe de parole pour les femmes de kamikazes qui n'ont plus de pension.

Évidemment : on PEUT.

Bien sûr, il existe des hommes qui souffrent à cause de femmes ; mais ma question est : « Est-ce utile d'en parler pour répondre à un film qui dénonce les souffrances des femmes ? » « Est-ce qu'on est sûr que c'est approprié/intelligent/fin/utile ? »

Êtes-vous bien certain, Monsieur G., que c'est une priorité ? Que l'égalité de droit entre les hommes et les femmes est maintenant partout parfaitement respectée ? Qu'il n'y a plus de plafond de verre en France ? Que plus aucune femme ne se fait violer ? Que les femmes peuvent désormais être libres de s'habiller comme elles le souhaitent sans se faire siffler, accoster, insulter ou agresser ? Que la répartition des tâches ménagères dans les foyers français est désormais équitable ? Que les congés parentaux sont également pris par les pères et par les mères ? Que ce ne sont plus les femmes en France qui occupent près des deux tiers des emplois précaires ? Que 80 % des agressions en France ne sont plus commises par des hommes sur des femmes ? Que, globalement dans le monde, il n'y a plus de femmes vendues, torturées ou excisées ? (Et que plus aucune femme sur terre ne se fait arracher les poils du SIF à la cire chaude ?)

Vous êtes bien sûr de tout ça ?

Si vous en êtes sûr, alors je vous en prie, allez-y, exprimez-vous pour défendre les hommes victimes de sexisme, et dénoncez « les différents types de violences féminines » comme vous dites, je me joindrai même à vous de tout cœur pour combattre auprès des opprimés !

Mais, en revanche, si vous n'êtes pas certain de tout ça, alors je vous en supplie, faites un grand silence dans votre bouche ! TAISEZ-VOUS !

Utilisez votre temps et votre énergie pour ce que vous voulez ; faites des puzzles, du sport, des crêpes au Grand Marnier, mais ne venez pas ralentir un combat déjà pénible avec votre bêtise étriquée.

Ne venez pas emmerder la réalisatrice Éléonore Pourriat qui signe avec *Majorité opprimée* un film, certes « drôle » comme vous le dites avec beaucoup de condescendance, mais surtout intelligent et UTILE !

À la limite, je préférerais que vous vous exprimiez au nom des « machos et fiers de l'être » ! Au moins ça serait honnête. Et drôle. Vous feriez des réunions cravates-foot-putes avec des copains, et ça serait formidable… On pourrait discuter. Je vous traiterais de « gros con », vous me traiteriez de « salope », j'ajouterais « connard de macho » et vous « mal baisée de féministe » et on passerait une soirée délicieuse.

Mais là, « lutter contre le sexisme anti-hommes », qu'est-ce que vous voulez que je vous dise ? Je n'ai même pas envie de me mettre en colère…

Et pour que votre intervention ne soit pas totalement inutile, Monsieur G., j'en profite pour conseiller à mes lecteurs d'aller regarder le court-métrage d'Éléonore Pourriat sur Internet.

Sachez d'ailleurs, chers lecteurs, que vous ne pourrez pas donner votre avis sur le film car cette fonction a été désactivée en raison de la trop grande violence des commentaires laissés par les internautes…

Alors, qu'est-ce qu'on fait, Monsieur G. ?

On bloque les commentaires ou on les maintient ?

On protège une réalisatrice harcelée par des propos infamants et sexistes, ou on protège la libre expression de gros porcs lâches tapis derrière leur ordinateur insultant une artiste qui a eu l'audace de tenir ce simple propos : « C'est pas tous les jours facile d'être une femme » ?

Je voudrais pouvoir m'habiller comme je veux

Un jour, un homme m'a écrit sur Facebook :

« On s'est croisé dans la rue y a deux jours, j'ai essayé de t'engager, tu m'as même pas répondu ! Putain si tu veux pas te faire aborder t'as qu'à pas t'habiller comme ça ! »

Je n'ai pas répondu car mon attachée de presse, mon agent et mon mec m'ont fait promettre de ne JAMAIS répondre à ce genre de message ; pourtant, la réponse m'est venue tout de suite à l'esprit et j'ai été très frustrée de ne pouvoir la partager… je vais maintenant réparer cette frustration !

« Cher Monsieur,

Figurez-vous que j'aime porter des chaussures à talons aiguilles parce que je trouve ça beau, élégant, féminin et raffiné ; je préfère les jupes mi-cuisses parce que c'est la longueur qui me va le mieux ; et, si vous avez pu vous en apercevoir, c'est parce qu'il pleuvait ce matin-là, et c'est la raison pour laquelle j'avais préféré à mon habituel manteau trois-quarts un petit blouson noir, certes plus court mais imperméable. Vous voyez que je n'ai rien fait en m'habillant ce matin-là dans l'intention de vous aguicher ou de vous choquer.

J'aime être élégante, féminine et sexy. Point.

Globalement, si je porte une robe en tissu léger, c'est parce que j'ai chaud ; et je suis bien désolée si vous n'arrivez pas à contrôler vos instincts libidineux devant les formes que peut-être elle dévoile... Et si mes seins se voient, c'est parce qu'ils sont gros, pas parce que je vous les montre.

Je ne m'habille ni pour vous plaire ni pour vous choquer : je m'habille en fonction de mon goût, de la météo et de ce que j'ai à faire dans la journée... Pardon de ne pas être en jogging quand je vais à un mariage, pardon de ne pas porter de cagoule en plein été, et pardon de préférer les escarpins aux Birkenstock !

Certains vêtements m'attirent ou me plaisent par leur forme, d'autres par leur couleur, et j'aimerais pouvoir les associer à ma guise, selon l'envie du moment – m'habiller exactement comme je le souhaite en fait – sans avoir à prendre garde au courroux d'un vieil aigri rabat-joie, d'un pisse-froid, d'un frustré, d'un pervers, ou autre connard à petit zizi qui s'imagine avoir un quelconque pouvoir sur moi en me sifflant, me jugeant, me zieutant ou me pelotant.

Parce qu'à dire vrai je ne vous connais pas, monsieur, je ne sais pas qui vous êtes, et pour être tout à fait honnête je m'en contrebats les steaks ; ou "je m'en contrebranle" si vous préférez. Ou "je m'en tamponne le coquillard avec une plume de paon".

Bref, une manière de vous dire que votre existence ne m'importe pas, voilà.

Donc vous devez bien vous douter qu'a fortiori vos opinions, votre avis sur ma tenue en particulier ou sur moi en général me sont totalement indifférents.

Et qu'espériez-vous en m'abordant ainsi ?

Que je me tourne vers vous en souriant et que je vous dise : "Oui, vous m'avez appelée ?"

Et qu'à votre "t'es bonne" je réponde, des larmes plein les yeux : "Merci" ?

Et que, ayant été délicatement sifflée par vous, je vous demande : "Pardon, je n'ai pas compris, vous voulez qu'on s'embrasse, qu'on prenne un café ? Enfin vous voulez m'épouser ou juste tirer un petit coup vite fait dans cette ruelle entre la poubelle et le vieil ivrogne qui dort dans son vomi ? Ce n'est pas très clair. Dites-moi…" ?

Et surtout, pardon, mais vous pensez vraiment qu'avec votre gueule, votre charme et votre classe, MOI, je vais dire oui ?

Vous avez pu imaginer une seule seconde que vous intéressez les femmes quand vous faites vos petits bruits de bouche répugnants dans la rue ?

Eh bien, je vais vous rendre un grand service, qui va vous faire gagner beaucoup de temps, je vais vous répondre : Non.

En fait, quand vous faites ça, nous, les femmes, on a envie de vomir. »

Coucher n'est pas tromper et faisons des enfants entre amis !

Dernièrement, j'ai écrit et interprété *Femmes libérées*, une pièce sur une femme qui pense que le bonheur c'est « aimer un homme, coucher avec un autre et faire des enfants à un troisième », et qui, pour mettre sa théorie à l'épreuve, commence par coucher avec tout ce qui lui passe sous la main (pour la petite histoire, j'ai poussé l'audace jusqu'à faire jouer le mec de la femme en question par mon propre mec).

Et, naturellement, on m'a demandé un milliard de fois si je trompais mon homme dans la vraie vie et si, comme mon personnage dans la pièce, je pensais que « coucher n'est pas tromper ».

Alors, pour faire d'une pierre un milliard de coups, je vais m'expliquer ici.

Je dirai que mon personnage et moi avons en commun de nous poser des questions.

En effet, j'essaie de faire le tri entre les diktats sociaux, les évidences biologiques et mes envies profondes ; je tente de me libérer des préjugés en posant des questions comme :

« Est-ce qu'on est vraiment sûr que la monogamie ça a du sens ? »

« Est-ce qu'on est vraiment certain que la fidélité c'est nécessaire ? »

« Est-ce qu'on veut vraiment être en couple ? »

« Est-ce que vivre à deux ne serait pas une hérésie ? »

« Faut-il vraiment choisir entre les hommes et les femmes ? »

Et c'est en remettant sincèrement en question ces préceptes qu'on estime allant de soi que je me suis mise à voir les choses différemment.

Par exemple, on a tous plus ou moins été élevés dans l'idée qu'on rencontrerait un jour quelqu'un, qu'on se marierait (ou pas, pour les rebelles), et qu'une fois qu'on serait vraiment certains d'être amoureux, on ferait des enfants. C'est-à-dire, si j'aime un homme, vraiment, follement, comme dans les contes de fées ou les films américains ; si je me retrouve dans une de ces histoires où on a tout le temps mille trucs à se dire, où on est hyper-complices, où on se marre comme des fous et où on baise comme des dieux, où c'est le pied total, où on s'admire, où on se désire et où on se veut du bien (ces histoires dans les films qui nous font tous rêver et qui font qu'un coup sur deux, quand on se retourne vers la personne d'à côté, on a juste envie de chialer !) ; eh bien, si je suis ce principe de « La Parfaite Histoire d'Amour », c'est à ce moment-là que, crac, on doit faire des enfants !

ALORS QUE NON ! BIEN SÛR que NON ! Il n'y a *objectivement* aucun lien de causalité entre le fait de s'aimer et le fait de faire des enfants.

Un enfant n'est pas le prolongement d'une histoire d'amour ; ça n'en est pas la suite : ça n'a même aucun rapport. C'est comme si vous disiez : « Mon prof de kickboxing est tellement formidable, je vais l'engager comme avocat ! » ou « Ce gâteau au chocolat est tellement bon que j'ai envie d'aller au cinéma ! »

Bien sûr, on peut aimer quelqu'un *et* vouloir des enfants, et se dire : « Ben tiens, j'ai qu'à faire ces enfants avec cette personne, puisqu'elle est là ! », et c'est sans doute un choix plutôt judicieux ; mais ce sont deux choses totalement différentes, et qui ne devraient pas être liées.

D'un côté, il y a « aimer quelqu'un » – le désir, le sexe, le charme, le mystère, les marrades, l'entente intellectuelle, la vie sociale, les dîners aux chandelles et autres week-ends à Rome –, et de l'autre côté il y a « aimer un enfant » – la responsabilité, l'émerveillement, l'amour inconditionnel, l'éducation, les discussions sans fin autour du contenu des couches, les horaires, l'attention, les petits pots et autres youpala.

Et il me semble que le pont entre les deux est tout sauf évident, voire que ces deux amours peuvent se court-circuiter dangereusement !

Enfin, en tout cas, je me souhaite de pouvoir m'envoyer en l'air sans avoir en tête le BEPC du grand, et j'espère que je n'aurai pas des images de pipes et de levrettes pendant que j'essaierai de faire tenir debout le petit dernier…

En fait, je pense que non seulement il n'y a pas de rapport entre les deux, mais presque même que l'un gêne l'autre ; parce que, si on continue à s'aimer comme au cinéma, ce sont les gamins qui risquent de morfler… Parce que, dans les films américains, la musique est super-belle, ils se voient de loin, ils courent l'un vers l'autre, il la fait tournoyer, ils s'embrassent fougueusement, plus rien n'existe autour d'eux, ET LE FILM S'ARRÊTE !

Bref, pourquoi ne pas considérer que les enfants ne sont pas forcément l'affaire du couple, et pourraient très bien être conçus « seule » en accord avec un géniteur, entre amis ou entre amies ?

Ou, en tout cas, quitte à faire des enfants avec son compagnon, je pense qu'on gagnerait beaucoup à reconnaître que ce sont deux aventures différentes : celle de la famille et celle du couple.

Quant à savoir si « coucher c'est tromper »… J'aimerais bien savoir qui a dit ça.

Pour moi, tromper c'est trahir, mentir, voler… c'est se méconduire.

En quoi je trahis parce que je couche avec un autre homme ?

Je m'amuse, je me détends, je prends du plaisir, et si ça se trouve je reviens avec de nouveaux trucs très sympas que j'aurais appris à faire... Où est le problème ?

Ou alors, dans ce cas-là, je trompe aussi quand je vais à un cours de Zumba, quand je me fais masser, ou quand je dîne avec des copines.

Eh oui, pourquoi parmi toutes les choses qu'on partage dans un couple, il y en aurait une qui aurait une clause d'exclusivité ? Pourquoi on ne dirait pas dans ces cas-là que RIRE avec un autre c'est tromper ? Ou qu'être d'accord avec un autre c'est tromper ? Ou qu'avoir les mêmes goûts qu'un autre c'est tromper ? Ou faire un Scrabble avec un autre c'est tromper ?

Pourquoi partager son corps serait moins tolérable que partager sa tête ? Parce que je peux vous le dire : autant il a déjà dû m'arriver de faire du sexe sans rien donner de moi-même, autant penser sans rien mettre de moi, jamais !

Mais ça, c'est le drame du corps de la femme. Historiquement, il est la propriété de l'homme.

D'ailleurs, l'infidélité masculine est bien mieux acceptée que l'infidélité féminine... Un homme qui papillonne est un don Juan, un tombeur, un séducteur ; alors qu'une femme qui en fait autant est une traînée, une putain, une salope !

Il y a même des théories qui expliquent que c'est dans la Nature biologique de l'homme d'être infidèle ; Schopenhauer par exemple justifiait l'infidélité masculine par l'instinct de survie de l'espèce : une femme ne peut procréer au mieux qu'une seule fois par an, tandis qu'un homme peut procréer tous les jours, il est donc normal, dans un désir de préservation de l'espèce, que les hommes baisent à couilles rabattues ! Eh oui, mesdames !

Bref, qu'on soit un homme ou une femme, je pense que ce n'est pas quand on va coucher ailleurs qu'on trompe l'autre, mais c'est quand on cesse de l'aimer *bien* ; c'est-à-dire lorsqu'on cesse de le regarder avec amour, désir et bienveillance ; ou lorsqu'on cesse de le regarder tout court… Et je dis : tant qu'on est amoureux et qu'on rend l'autre heureux, faisons bien ce qu'on veut avec notre cul !

Je veux avoir le droit de ne pas supporter les enfants des autres

Il est dix-neuf heures, je suis au café, concentrée sur mon ordinateur portable pour écrire un chapitre bien senti défendant la cause des sans-enfants (je voudrais qu'on leur foute la paix ; je voudrais que des gens puissent vivre sans enfants sans avoir à se justifier de rien), quand tout à coup « YARAYAYAYAHHHHH !!! », un bruit extrêmement agressif m'interrompt.

Par réflexe, je me retourne, crispée, vers l'origine du bruit.

C'est alors que je découvre un petit être rigolard, hurlant et tapant de toutes ses forces sur une table en métal avec la cuillère à dessert de sa mère que le bruit ne semble pas incommoder le moins du monde.

Le gamin est mignon, je me décrispe, je lui souris, il arrête de taper.

Je me replonge alors dans mon sacerdoce : séduire et faire rire avec le féminisme, le concept le moins glamour du moment.

« YARAYAYAYAHHHHH !!! »

C'est insupportable, hein ? En tout cas, c'est ce que je me dis à ce moment-là, si attendrissant que soit l'enfant.

Je relève la tête et, physiquement irritée par le bruit, j'adresse, sans m'en rendre compte, un regard légèrement réprobateur en direction de ce qui m'énerve.

C'est alors que je croise le regard de la mère, visiblement ulcérée par ma réaction et qui, d'une moue épouvantablement méprisante, me fait comprendre que je suis une horrible bonne femme sans cœur d'oser faire ça à un enfant.

« M'enfin ça va, je ne l'ai pas agressé votre enfant ! Je ne lui ai même pas parlé ! J'ai juste osé, ô pardon, hausser un sourcil parce que votre moutard venait de me vriller un tympan alors que j'essayais de trouver les mots pour sauver le féminisme... ! »

« YARAYAYAYAHHHHH !!! »

Merde !

Cette fois-ci, je la vise directement, clairement exaspérée, l'air de dire :

« Ben enlevez-lui au moins la cuillère ! »

Elle me regarde alors comme si j'avais violé son enfant, et me répond :

« Mais enfin il joue, madame ! C'est un enfant, il joue !

— Oui, eh ben moi je travaille, connasse[1] ! »

Bien sûr que votre enfant joue ! Et parfois il pleure, ou même il vomit ou fait caca dans son bain, et c'est la vie, et c'est pas grave, et c'est la faute de personne ; mais, en revanche, ne venez pas me reprocher à MOI de lever les yeux au ciel quand ça m'incommode.

C'est-à-dire que quand j'ai économisé un an pour me payer un billet d'avion à 1 200 euros pour je ne sais quelle destination de rêve, J'AI LE DROIT DE LEVER LES YEUX AU CIEL quand votre enfant pourrit mon voyage en tapant dans mon siège, braillant, jouant à la console avec le son, ou gerbant dans mon Prada. J'AI LE DROIT !

Quand je suis dans un restaurant, qu'il est vingt heures passées, et que votre enfant pourrit mon rencard « jadopteunmec.com » ou ma soirée entre copines : J'AI LE DROIT !

Quand je suis dans un café, en pleine heure d'apéro, et que votre enfant m'empêche de bosser ou de me détendre en lisant le journal après une longue journée : J'AI LE DROIT !

Quand je suis dans un TGV iDzen et que j'ai un texte à apprendre, ou une chronique à écrire, ou même juste un Sudoku à finir ; à 100 balles l'aller : J'AI LE DROIT !

---

1. Rassurez-vous, je ne l'ai pas exactement formulé comme ça, mais je l'ai pensé très fort !

Au bord de la piscine de l'hôtel spa 5 étoiles où je dilapide mon PEL et un an de tournage pour me reposer en SILENCE : J'AI LE DROIT !

Sur scène, quand je joue mon One-Woman-Show et que je me sens obligée de baisser la voix quand je parle de Jack Rabbit ou de triolisme parce que j'ai vu votre moutard au troisième rang :

J'AI LE DROIT !

Et ça ne fait pas de moi une frigide du sentiment qui égorge des chats à la pause-déjeuner, ça va !

À Londres, les bars sont interdits aux enfants après dix-neuf heures. Non pas pour les protéger, eux, mais pour protéger les consommateurs adultes qui ont envie de se détendre en paix.

Prenons-en de la graine.

L'épineux problème de la couleur des cheveux

Après presque trente ans de recherches intensives, j'ai enfin trouvé la couleur de cheveux idéale.

Ça n'a l'air de rien comme ça, mais c'est un véritable exploit.

Au naturel, je suis bêtement châtain : une couleur qui ne convient pas du tout à mon besoin presque maladif de me faire remarquer ; il était donc évidemment impératif de trouver une teinte plus raccord avec ma personnalité… Noir ébène, blond platine, roux flamboyant… J'ai TOUT essayé, et j'ai découvert un truc incroyable : vous n'imaginez pas comme la vie est plus facile en blonde !

J'ai été blonde pendant plusieurs années ; une époque bénie où je ne payais jamais d'amendes, où je n'étais jamais arrêtée, jamais contrôlée (ou seulement pour me punir d'un sourire) ; un temps radieux où, de la boulangère au guichetier de la poste en passant par le type à qui je venais de faire une queue de poisson, tout le monde me souriait, tout le temps ; des années de rêve où toutes les promotions m'étaient permises car je ne représentais une menace pour personne… une période magique enfin où les intitulés des rôles pour lesquels on m'engageait étaient « une belle blonde », ou « une très jolie blondinette », ou « une séduisante femme aux boucles dorées ».

Bref, une vie merveilleuse. À condition bien sûr de se mettre définitivement derrière l'oreille tout ce qui est orgueil, estime de soi et ambition.

Et puis un jour, pour un rôle, j'ai dû me teindre en brune.

Tous mes amis m'ont félicitée : « Quelle classe ! Quel chien ! »

Quel « chien », ça aurait tout de suite dû me mettre la puce à l'oreille.

Et là, du jour au lendemain, à l'image de ma chevelure, tout s'est assombri.

On m'engageait désormais pour jouer, au mieux, une « femme pétillante et dynamique » et, au pire, une « maîtresse autoritaire », une « mère alcoolique et héroïnomane » ou, tout simplement, une « pute ».

Quoi que je dise, on imaginait toujours que je mentais ; dans le doute on m'agressait ; et même les hommes à qui je plaisais pensaient que, pour me séduire, il fallait me vanner, me malmener ou me rabaisser…

Ma vie était devenue un cauchemar, et j'en arrivais même parfois à regretter les gros porcs qui me harcelaient jadis dans la rue.

Car, oui, dans l'inconscient collectif masculin – donc dans l'inconscient collectif général –, la blonde est conne.

Elle est conne, gentille, pure, innocente et vierge.

Donc, les hommes, ces doux ballots, ne se méfient pas de la Blonde. Ils n'imaginent pas qu'elle va leur piquer leur job, leur place de parking, ou leur record du monde du kilomètre lancé.

Du coup, ils restent là, à lui sourire benoîtement, à lui mettre sur l'épaule un bras compréhensif et protecteur, ils compatissent, ils mettent un genou à terre, ils la demandent en mariage, et c'est formidable.

Mais, pour la Brune, c'est bien différent.

La Brune, elle, est fourbe, carriériste, séductrice et infidèle, elle laisse derrière elle un sillage de soufre et de stupre.

Il faut se méfier de la Brune ; elle va vous trahir et vous tromper ; elle va, telles les sirènes d'Ulysse, vous enchanter puis vous piéger.

Tout en elle est un leurre : elle sourit pour mordre, séduit pour posséder, avance pour doubler, et existe pour nuire. Salope !

Car, de la même manière que les hommes ont plaqué sur la Blonde le portrait composite de leur mère et de la princesse des contes de leur enfance, ils ont investi la Brune de toutes leurs peurs d'enfants, de tous les mystères effrayants que recèle la Femme ; ils lui attribuent leurs impuissances et leurs faiblesses, ils ont fait d'elle un être maléfique et malfaisant, responsable de leurs vices.

Si bien qu'aujourd'hui, je me retrouve avec ce simple choix : être méchante ou être conne.

J'ai finalement opté pour un brun auburn aux reflets blond vénitien.

Pour l'instant.

Mais, en revanche, Messieurs, de grâce, et je vous le demande au nom des brunes, des rousses et des blondes, offrez-vous le luxe d'une bonne thérapie, réglez vos problèmes avec Maman, et voyez-nous enfin telles que nous sommes, chacune.

Merci.

Je me suis fait avoir par l'industrie cosmétique

On m'a toujours dit qu'une femme doit être propre et belle, et que le secret de la réussite, c'est avoir un visage parfait.

J'ai longtemps cru que j'avais de la chance car on m'avait donné plein de conseils et de tuyaux pour y arriver… Jusqu'à ce que je comprenne que je m'étais en réalité bien fait avoir.

Eh oui, à cause de ces « bons tuyaux », je me lance dans l'existence avec un incroyable handicap : tous les jours, dès le matin, je pars avec une longueur de retard. Deux heures en moyenne pour me préparer versus dix minutes pour mon homologue masculin.

Bien sûr, je suis fatiguée : en plus de mon boulot et des tâches domestiques, j'ai deux plombes de ravalement personnel à me fader !

Parce que certaines se réveillent peut-être tous les matins fraîches comme des boutons de rose humidifiés par quelques perles de rosée, mais ce n'est pas mon cas.

Enfin pas tout à fait…

C'est-à-dire que, pour éviter de faire peur aux gens qui pourraient me croiser, je commence par mettre un brin d'ordre dans mes cheveux ; mais, malheureusement, il ne suffit pas de passer la main dedans pour qu'ils retombent en belles boucles luisantes et disciplinées comme dans la pub, non.

Pour ça, il leur faut un petit traitement composé d'un bain hydratant avant shampoing, d'un shampoing, d'un fluide pendant shampoing, d'un après-shampoing, d'un masque réparateur après après-shampoing, d'un soin après masque réparateur après après-shampoing, d'un sérum après soin après masque réparateur après après-shampoing, de bigoudis, et d'un voile de laque.

Autant vous dire que ça représente une heure de soin et environ 200 euros de produits deux ou trois fois par semaine.

Ensuite, je me serais bien contentée d'un peu de fond de teint et d'une touche de mascara ; mais on m'a bien expliqué que la féminité victorieuse passe forcément par un teint zéro défaut. Alors j'ai une bonne nature, mais quand même :

Eau de bleuet pour dégonfler le tout, crème matifiante spéciale zone T, gel contour des yeux, stick pour les lèvres, enduit hydratation bas du visage et cou, sérum antirides front et tempes, correction ultra-ciblée creux du menton et ailes du nez, fond de teint sur tout ça en colmatage, poudre libre pour la fixation, blush, ombre, le fameux coup de mascara, et une touche de gloss.

Ça, j'y arrive à peu près en une demi-heure mais le coût des outils avoisine gentiment les 300 euros…

Après, bien sûr, comme je tends à être propre, je ne peux pas éviter le passage sous la douche : je lave, savonne, scrube, huile, oins et Saforelle dans tous les coins ; je me gratifie d'un petit coup de rasoir sur les jambes et, à peine sortie, d'une touche de cire aisselles et cuisses, de deux coups de pinces à épiler pour le maillot et d'un massage au sérum anti-capitons, ou d'une couche de crème hydratante et d'un voile d'autobronzant (oui, les options ne sont pas toutes cumulables : je ne peux pas épiler ET mettre de l'autobronzant ET du sérum anti-capitons ET de la crème hydratante ; donc je suis forcément bronzée et poilue ou pâle et glabre, et hydratée et grumeleuse ou mince et sèche !).

Un coup de déo, une goutte de parfum au creux du cou et une noisette de crème ventre plat.

C'est alors que, voulant comparer mon reflet aux modèles de la télé, je m'aperçois qu'avec toute cette activité je sue de la moustache.

Et ça fait cloquer le fond de teint sous la poudre.

Du coup, affaissement généralisé qui fait couler le mascara et filer le gloss qui coule sur le menton, que je tamponne frénétiquement avec un buvard anti-sébum qui m'irrite, qui m'énerve, qui me donne chaud et qui me refait transpirer de la moustache, et là rien ne va plus, tout est à refaire et c'est une tragédie (ce qui est vraiment bizarre parce que j'avais pourtant bien acheté la crème « mervégénérescence aux poly-pouvoirs taoïstes de l'essence d'écorce de pépin de figue » et j'avais tout bien fait comme a dit la dame de la télé...).

Tout ça pour dire que si on compte les tâches hygiéniques et cosmétiques comme contributions à l'effort domestique, alors on peut dire que les femmes y consacrent 70 % de leur temps... Il ne reste plus grand-chose pour faire carrière et s'épanouir personnellement, non ?

Qui rêve de passer ses journées enfermé dans une bulle de parfum comme dans la pub ?

Je viens de comprendre pourquoi je n'arrivais absolument pas à me détendre devant la télé… C'est parce qu'on me prend pour une débile. Et ce n'est pas du tout reposant.

J'adorerais pouvoir ouvrir un magazine ou allumer mon poste pour me relaxer tranquillement sans me faire humilier ! NON, je n'achèterai pas votre crème « mervégénérescence aux poly-pouvoirs taoïstes de l'essence d'écorce de pépin de figue ». Sans façon.

C'est quand même insensé : lorsqu'on s'adresse aux hommes, on leur dit « cette belle voiture puissante est faite pour vous car vous êtes fort et séduisant » ou « vous êtes un boss. Vous êtes Le Boss. Alors voici une lame, affûtée pour vous », ou encore « vous pouvez tout, le monde est à vous, parfumez-vous » ; et pour modèles, ils ont des papes, des présidents, des Zidane, des Mozart et des Einstein…

Pourquoi, nous, on n'a que des modèles pourris ?

Pourquoi, à nous, on explique comment utiliser un connard WC ou comment bien aspirer dans les coins ? Pourquoi on nous vend des huiles pour cuisiner pour toute la famille ou, PIRE : des serviettes hygiéniques avec CAPTEURS D'ODEURS ! Mais enfin c'est infâme ! À quand les chewing-gums d'anus ?

Et quand ce n'est pas ça, c'est la super-maman Kinder qui doit avoir une carrière bien pourrie puisque c'est elle qui va tous les jours chercher ses enfants à la sortie de l'école à seize heures et qu'on devient difficilement PDG avec un job à mi-temps.

Et si enfin on me présente une femme belle, sexy et sans mauvaises odeurs de fond de culotte, bizarrement, elle ne parle pas, elle est assez moyennement marrante et elle n'a jamais de métier. Elle se contente de voler avec des fleurs, de se baigner dans de l'or ou d'embrasser des bouts de tissu.

Curieusement, j'ai l'étrange impression que ce n'est pas vraiment à moi qu'on essaie de vendre du rêve avec ça, mais plutôt à mon mec.

Sérieusement, ils ont bien conscience que ce n'est pas un rêve de femme, ça ? Une meuf huileuse et enchaînée de bijoux qui n'a rien d'autre à faire que caresser des bouteilles de parfum, ÇA NE ME FAIT

PAS RÊVER ! Il faut bien s'en rendre compte quand même. J'ai d'autres ambitions…

De toute façon, dans l'univers des publicitaires, mon choix est assez basique : je ne peux être que mère ou putain, moche ou bonasse, bobonne ou pétasse, idiote ou connasse.

Eh ben non, je ne veux être ni une sur-femme, ni une mère parfaite, ni la quintessence de la féminité ; je veux simplement pouvoir être moi : un peu de tout ça !

Et, surtout, j'adorerais qu'on cesse de ne me définir que par rapport aux hommes : la femme de, la mère de, la séductrice de, la bonne de… Pourquoi on ne me vend jamais une voiture comme on la vendrait à un homme : ni pour aller chercher les enfants, ni pour séduire, mais juste pour le plaisir de la route ?

Allez, mesdames, ayons encore de l'ambition, créons nos propres modèles : nous avons droit à tout, nous pouvons tout, le monde est à nous, ce string a été affûté pour nous !

Mais à qui s'adressent les magazines féminins ?

C'est fou le nombre de gens persuadés d'être capables de faire deux choses en même temps alors que toutes les études neurologiques et psycho-comportementales du monde sont arrivées à une seule et même conclusion : NON, on ne peut pas faire bien deux choses en même temps ; le cerveau humain en est incapable et va forcément privilégier une activité aux dépens de l'autre.

Je vous parle de ça parce que ça me rend hystérique d'essayer désespérément d'avoir une conversation avec mon mec qui me dit : « Vas-y, je t'écoute ! », alors qu'il est de toute évidence absorbé par un jeu appelé « Boom Beach » et qui consiste à faire sauter des plages (et non pas à sauter des salopes comme je l'ai longtemps cru, « boom bitch ») – jeu passionnant s'il en est !

La dernière fois que je le lui ai reproché, il m'a répondu : « Eh bien, venge-toi ! Lis un magazine tout en me parlant ! »

Ça faisait des années que je n'avais pas ouvert un féminin, et l'occasion m'a semblé parfaite... Ouvrir un féminin et me sentir femme ! Me laisser aller à une féminité douce, maternelle et un brin midinette ; je me voyais déjà dans un gros pull en mohair, avec de grandes chaussettes douillettes, confortablement lovée sur mon canapé, une tasse de thé fumant à portée de main... et feuilletant un FÉMININ !

Quelle ne fut pas ma déception.

Mais pour QUI sont écrits ces magazines où l'on me suggère des idées week-end de QUATRE jours, des bons plans vacances à 3 000 euros la semaine, des après-midis dans la piscine du Ritz et mon « top look basic de l'été » avec sac Prada, chaussures Dior, jean Cerruti et lunettes Ray Ban ?

À QUOI pense la journaliste qui fait un papier alarmant sur l'anorexie publié au milieu d'un magazine qui recèle un mannequin anémié toutes les deux pages ?

QUE se disent-elles quand l'une se révolte contre la fourrure en page de gauche, tandis que l'autre, sur la page de droite, sacre « look de l'année » le petit blouson en loup porté par Rihanna ?

Pour QUI me prennent-elles quand elles utilisent une page entière pour me révéler que les secrets beauté de Sharon Stone sont la crème Dior Capture pour le jour et la crème Dior Anti-Ridules pour la nuit, alors qu'il me suffit de tourner la page pour découvrir que Sharon Stone est l'égérie Dior cosmétiques ?

Et, pitié, ne me parlez pas des femmes afghanes en page 6 pour titrer en page 8 : « Pour ou contre les cuissardes ? Le vrai grand débat du moment ! »

Et enfin ne me donnez pas des idées recettes que seule une femme de milliardaire désœuvrée et aidée par les trois derniers gagnants de « Top Chef » pourrait mettre en œuvre !

Moi, personnellement, quand je fais une vinaigrette, je mets de l'huile, du vinaigre, de la moutarde, et éventuellement du jus de citron ; dans ce magazine, que nenni !

On ne met pas « de l'huile et du vinaigre », ben non ! ça serait trop simple. On met une cuillère à soupe de vinaigre de cidre, une cuillère à soupe de vinaigre de Xérès, deux cuillères à soupe d'huile d'olive et deux cuillères à soupe d'huile de colza ; sans oublier bien sûr une cuillère à café de sirop d'agave.

Ensuite, on n'ajoute pas de la « MOUTARDE », ça va, c'est pas comme s'il s'agissait SEULEMENT de la sauce qui accompagne la salade qui accompagne le plat de votre déjeuner sur le pouce. Non, on met « 1 cuillère à soupe de *graines* de moutarde ». Eh oui ! Ainsi que deux cuillères à soupe de graines de fenouil – je ne sais même pas ce que c'est, et encore moins où ça se trouve.

De la même manière, il est évident qu'on ne met pas « de la menthe » mais « 2 brins de menthe », pas de la ciboulette, mais de la « ciboulette hachée » ; pas de la coriandre mais de la « coriandre finement ciselée », et, bien sûr, du cerfeuil.

Là on voudrait accélérer un peu la cadence et simplement ajouter un jus de citron et basta, parce que, par ailleurs, on a quand même un vrai métier… mais il en est hors de question ! Non : c'est le jus et le zeste blanchi d'un citron de Provence.

Et, bien sûr, cette recette « bons tuyaux du quotidien » se trouve dans un magazine féminin censé faciliter la vie des femmes… Je pense en effet que si je dois passer une heure trente sur une simple vinaigrette, il y a moyen que j'aie une existence fort épanouissante.

Surtout que je vous rappelle que, toujours selon ce magazine :

« Une silhouette de rêve ?

— Rien de plus facile ! Une simple application d'un gel anti-capitons – prix compris entre 60 et 210 euros – matin et soir suivi d'un massage de vingt minutes pour bien faire pénétrer, et le tour est joué ! »

« Une chevelure de star à la maison ?

— C'est à portée de main ! Torréfiez une dizaine de noix de macadamia, une poignée d'amandes émondées et 18 graines de sésame ; broyez-les et ajoutez-y 16 décilitres d'huile de palme et 22 décilitres de bière ; mélangez bien la préparation, appliquez mèche à mèche en évitant de toucher le cuir chevelu, laissez poser entre douze et dix-sept heures, renouvelez l'opération au moins deux fois par semaine, et à vous la crinière de studio ! »

Bref, j'ai jeté mon pull en mohair et me suis abonnée à *So Foot*…

Vive les kilos !

J'ai passé des années à grossir et à maigrir de manière totalement hasardeuse. J'ai testé tous les régimes, j'ai essuyé tous les complexes et j'ai consulté toutes les médecines… En vain. Je n'ai jamais réussi à trouver cet équilibre qui fait qu'on est bien dans son corps et que, du coup, on est belle quel que soit son poids.

En même temps, j'ai toujours eu un rapport très compliqué à la bouffe.

Ou plutôt très simple : je mange tout le temps !

– Si je ne vais pas bien, j'ai besoin de compenser, donc je mange pour combler ; mais si je vais bien, j'ai envie de le fêter donc je mange pour célébrer.

– Si je suis malade ou faible : pour prendre des forces, je mange ; et si je suis en pleine forme et super-active : pour avoir quelque chose à brûler, je mange.

– Si j'ai bien bossé, en récompense, je mange ; mais si je n'ai rien foutu : en réconfort, je mange.

S'il fait froid, je mange ; si je m'ennuie, je mange. Le matin je mange, le midi, le soir, le goûter, je mange. Je mange en hiver, je mange en été…

Bref, vous l'aurez compris, je mange tout le temps.

Et, en plus, il y a des situations critiques où je ne me contente pas de manger : je bâfre. Des quantités astronomiques en un temps record.

Les buffets, par exemple, me rendent particulièrement hystérique ; j'ai toujours l'impression qu'il faut que je me dépêche de manger avant qu'il n'y ait plus rien ; une peur de manquer qui vient de je ne sais où (je n'ai pourtant pas vécu la guerre), et qui me pousse à me jeter sur les vivres et à les engloutir compulsivement jusqu'à écœurement. À cet instant, je ne suis plus du tout à l'écoute de moi, de mon corps, de mon appétit ; je ne suis plus mue que par le besoin d'ingérer un maximum le plus vite possible pour n'être pas *lésée*.

Et, bien sûr, je fais pareil avec la boisson.

Coût pondéral de la soirée : de 1 à 2 kilos en moyenne.

Autre situation à risque : une assiette avec plus de deux aliments. Je suis tellement maniaque et obsessionnelle ; je veux tellement que chacune de mes bouchées soit PARFAITE – c'est-à-dire avec un peu de chaque ingrédient + de la sauce parfaitement répartie + une gorgée de vin – que forcément ce sont de véritables monceaux de nourritures que j'amasse sur ma fourchette avant de les engloutir en bouchées gargantuesques. Encore une fois beaucoup et très vite : le pire ennemi d'une ligne harmonieuse.

Même principe si j'ai peur que mon plat refroidisse : je le dévore au plus vite tant qu'il est chaud.

Et puis, un jour, j'ai compris qu'il y avait une solution pour perdre du poids : arrêter de manger !

Eh oui ! J'ai fini par ouvrir les yeux sur cette dure réalité : ce n'est pas vrai qu'il y en a qui ont de la chance, et d'autres pas. Ce n'est pas vrai qu'il y en a qui « brûlent les graisses » et qui, sous prétexte d'une « bonne nature », peuvent s'empiffrer sans prendre un gramme, et qu'il y en a d'autres qui « stockent » tout ce qu'ils avalent et qui prennent 2 kilos rien qu'en regardant un gâteau ! NON.

Sauf dans le cas de certaines maladies finalement assez rares, nous sommes gros parce que nous bouffons ; ou minces parce que nous mangeons peu. Ou léger. Il faut arrêter avec ces histoires de Nature : ces gens mentent, c'est tout.

J'ai une copine grosse (très belle par ailleurs mais là n'est pas le propos), qui me disait « mais je ne comprends pas, je mange du poulet et des légumes et je grossis quand même !? »... Une fois j'ai déjeuné chez elle : son poulet, elle le fourre au chèvre et elle l'enroule dans du lard ; et ses légumes, ce sont des patates écrasées dans du beurre et de la crème... Bien sûr qu'elle est grosse !

De la même manière, ne surtout pas croire les actrices qui disent en interview : « Oh, moi, j'adore manger ! Je suis tellement gourmande ! Hinhinhin ! Mais j'ai de la chance, mon organisme élimine tout seul les calories ! » Oui, alors effectivement, tes doigts au fond de ta gorge pour te faire vomir, c'est ton corps qui élimine tout seul les calories…

L'autre version de l'actrice menteuse (j'en connais plein !), c'est : « Ouh, c'est vrai, qu'est-ce que je suis gourmande… Alors, pour le dîner, je vais prendre un demi-radis sauce à part, une tranche de viande des Grisons avec un supplément fromage blanc 0 % et un Coca light ! » Quelle orgie !

C'est comme cette affiche de pub pour je ne sais quelle marque de fringues où on voyait une jeune fille prépubère et rachitique en train de soi-disant dévorer un gros gâteau à la crème… Sérieusement, il faut arrêter avec ça !

On nous demande déjà de tolérer des mannequins anorexiques parce qu'il paraît qu'elles mettent mieux en valeur les vêtements, mais en revanche, de grâce, ne nous faites pas croire que ces filles sont des bonnes vivantes, heureuses et épanouies, qui croquent la vie à pleines dents ! Ayez au moins la décence d'admettre que pour avoir ce corps, qui par ailleurs me dégoûte, elles sont obligées de végéter dans une existence où elles passent la moitié de leur temps à compter les grains de riz ou les calories dans leur assiette, et l'autre moitié à compter les kilos ou les plis sur leur squelette.

Bref, du jour où j'ai compris que les miracles n'existaient pas et que j'allais toute ma vie grossir d'exactement ce que je mange, et que je prendrai du plaisir dans les mêmes proportions, je me suis détendue et, à l'abri de ce bon sens, j'ai fait la paix avec mon corps.

Tu seras une ménagère, ma fille

Comme je ne suis ni noire, ni pédé, ni juif, j'avais du mal à savoir qui j'étais ; heureusement que ce concept né dans les années soixante, et qui fait ma joie à chaque fois que j'y pense, m'a permis de me définir avec une belle acuité : je suis « La Ménagère de moins de cinquante ans ». Bon sang mais c'est bien sûr !

Je suis cette femme austère, ni très aimable ni très subtile qu'il faut néanmoins savoir séduire parce que c'est elle qui dicte sa loi ; je suis cet individu moyen, cette femme de base, qui achète des biens et des services de consommation courante (lessives, nourriture, vêtements…) ; je suis cette rombière peu sensible aux campagnes innovantes, mais attentive aux prix et aux arguments les plus terre à terre ; je suis très conservatrice, peu fantaisiste mais pourvue d'un pouvoir d'achat considérable. J'ai de la cellulite et je suis lâche, oui c'est bien moi, je suis Noémie de Lattre, Ménagère de moins de cinquante ans.

Ou alors je suis une pute. Au choix.

Eh oui, c'est la triste expérience que j'ai faite récemment : en refusant d'être la ménagère, je refuse implicitement de prendre soin d'un homme, donc d'être bonne à marier, donc d'être respectable… donc je suis une putain ; c'est ma seule alternative.

Et c'est en me confrontant aux limites de cette définition que j'ai vu à quel point elle ressemblait à une prison. Non seulement l'espace de « liberté » que j'ai pour exister ne se définit pas en soi mais par rapport aux hommes, mais en plus il est ridiculement petit !

Je vois bien que j'ai le droit d'être cultivée (mais pas trop), forte (mais moins qu'un homme), excellente tant que je veux (mais ce doit être pour un salaire inférieur…).

Il faut que je fasse des études et des enfants, que j'allaite et que je m'épile, que je sois sexy mais pas trop, drôle ou jolie (mais certainement pas les deux…).

Je dois allaiter sinon je suis une mauvaise mère, être mère sinon je suis une mauvaise femme, être un peu femme de ménage sinon je suis une mauvaise épouse, et épouse sinon je suis une femme de mauvaise vie.

En gros, comme en témoigne l'héritage des patronymes, si je nais femme, j'appartiens d'abord à mon père, jusqu'à ce qu'il me donne (me vende ou m'échange selon les pays) à mon mari, à qui j'appartiendrai tant que je serai sa femme… à noter la terminologie du mariage : « mari et femme » ; seul l'homme a droit à un mot différent selon qu'on le considère comme un individu ou un époux ; on n'a pas pris cette peine pour la femme…

J'étouffe un peu.

Sexy ou courageuse

Un jour, une de mes copines m'a dit que je représentais à ses yeux l'incarnation de la féminité.

Pardon ? Moi, le babouin ?

Elle a même ajouté : « Je ne sais pas comment tu fais pour être aussi sexy. »

Ahhh voilà… ! « Comment tu *fais* pour être aussi sexy », là d'accord !

Parce qu'effectivement, c'est quelque chose que je *fais* ; ce n'est pas un charme naturel que j'ai comme ça et qui fait que je suis sexy depuis toujours dès le matin au réveil. Non. Pas du tout.

C'est un travail, quotidien et acharné, dont certaines femmes n'ont absolument pas besoin ! Eh oui, parce que c'est ça qu'il est important de noter : être sexy, ce n'est pas un but en soi ; c'est juste un pis-aller pour les moches.

Moi, si j'étais hyper-belle, s'il me suffisait de jeter un T-shirt Auchan Bagnolet sur ma sublime poitrine et d'enfiler un bas de jogging en pilou-pilou sur mon mètre dix de jambes pour que tout le monde soit fou de moi malgré un féminisme un peu piquant, je ne me ferais certainement pas suer à être sexy !

Ce que je veux dire par là, c'est qu'au départ, si je mets tant de soin à m'apprêter, si je suis là à minauder en secouant la tête, si je porte des talons si hauts, des décolletés si plongeants et des jupes si courtes, si je fais tant d'efforts pour être sexy ; ce n'est pas par *plaisir*.

Je fais ici une parenthèse parce qu'il me semble nécessaire de rétablir une vérité : le pull négligé qui laisse nonchalamment apparaître une épaule nue et satinée, la boucle d'oreille en plume qui vient caresser le cou d'une manière extrêmement suggestive, la petite-robe-en-coton-l'air-de-rien mais totalement transparente et qui laisse deviner les tétons qui pointent, la mèche de cheveux qui tombe dans l'œil et qui donne envie à tout le monde d'avoir ce geste aussi érotique que tendre de la remettre derrière l'oreille, le noir qui coule, le rouge qui flashe, cette façon de s'asseoir avec les reins toujours un peu creusés, le regard par en dessous et autres aguicheries sensuelles : rien de tout ça n'est laissé au hasard. Ne soyons pas naïves (et naïfs surtout !).

En revanche, je profite d'être déjà dans une parenthèse pour vous donner un petit conseil sex-appeal : gare au cumul. La robe transparente + le noir qui coule, le rouge qui flashe et la mèche qui tombe : ça ne fait pas sexy, ça fait junkie. Ou pute. Et ce n'est pas ça qu'on veut.

Bref ! Si tout ceci est si savamment mis en scène pour séduire, en dépit de tous mes discours et de toutes mes poses, ce n'est pas par passion, c'est par obligation, parce que je suis femme et que je suis moche.

En tout cas, je suis persuadée de l'être (moche !), ce qui revient au même.

Car, oui, je vois bien dans le regard des gens, le nombre de soupirants que j'ai eu, ou les rôles qu'on me donne parfois, que je ne dois pas être objectivement vilaine ; je me doute bien que je ne suis pas vraiment répugnante, mais il n'empêche que c'est comme ça que je me perçois. Pour de vrai.

Pour vous dire, quand j'étais jeune, je me voyais carrément comme une espèce de petit troll, virile, tassée sur de courtes pattes velues et arquées, les pieds en dedans, les bras simiesques, la face de Frida Kahlo au réveil, la tête rentrée dans les épaules, et la grâce d'un gibbon.

C'est d'ailleurs ce qui explique pourquoi j'ai développé d'autres atouts... (Qui a dit « lesquels » ?)

Oui, forcément, ne misant pas sur le physique pour me faire une place en ce bas monde, j'ai passé toute mon enfance à déployer des trésors de drôlerie et d'intelligence pour que mes parents ne m'abandonnent pas dans un orphelinat... Mais ça fonctionne tant qu'on est un enfant ; dès qu'on se transforme en fille, ça devient très compliqué de n'avoir aucun avantage physique.

C'est la raison pour laquelle j'ai passé toute mon adolescence à tenter de pallier cette disgrâce physique par un sex-appeal outrancier.

J'avais l'impression que la seule chance pour moi, non pas d'être aimée, parce que ça je n'osais même pas l'espérer, mais au moins d'être tolérée au sein d'un groupe quelconque et d'avoir peut-être un jour un rapport sexuel avec un homme digne de ce nom, c'était d'être sexy. (Et d'être un super-bon coup pour avoir une chance de garder le bonhomme en question, mais ça c'est une autre histoire...)

Un homme peut pallier son ingratitude physique par de l'esprit, de l'argent, du pouvoir... Je ne dis pas que sa vie sera aussi facile, mais il aura beau être laid, il n'en sera pas moins homme.

Une femme en revanche, si elle n'a aucun atout physique, sera remise en question dans sa féminité. On « ne peut pas » être féminine si on n'est ni jolie ni sexy.

N'étant pas née belle, et n'ayant pas eu le courage (ni l'envie) de me vivre moche, j'ai pris le parti de me faire sexy ; mais, croyez-moi, j'aurais adoré m'offrir le luxe de plaire plutôt que d'avoir à séduire ; je préférerais être admirée plutôt que désirée ; et même si j'avoue que je ne suis pas contre une petite fessée de temps en temps, j'aimerais aussi être respectée !

Les femmes, des super-héros au quotidien

Nicole est la maman d'un ami ; elle a vu tous mes spectacles et tous mes films, n'a pas raté un seul de mes passages télé, connaît par cœur la moindre de mes interventions radiophoniques et découpe dans la presse les articles qui me concernent. Elle ne manque jamais de me féliciter bien sûr, mais un jour elle m'a dit : « Quel courage quand même… ! », et j'ai vu défiler sa vie : son métier, les deux enfants qu'elle a élevés, la maison qu'elle a tenue et les voyages qu'elle n'a pas faits.

C'est vous qui avez du courage, Nicole ! C'est vous le héros !

Vous qui, depuis des années, vous occupez de vos deux enfants.

Vous qui avez vécu pendant deux fois deux ans ce que je découvre à peine : le Combat de Couche ! (Plaquage de l'enfant sur la table à langer, une main le maintient, l'autre prépare une couche neuve et des carrés de coton imbibés d'eau micellaire, tandis qu'un pied ouvre la poubelle à couches et l'autre soulève le couvercle du panier à linge sale ; enfin parée, déscratchage du lange et découverte d'un merdier qui n'a pas de nom ; une seconde d'inattention et c'est le drame : l'enfant, qui tient absolument à se toucher le zizi, se trempe les doigts dans le caca avant de se toucher les yeux, puis la bouche, puis les yeux, puis la bouche, puis à nouveau le zizi… C'est un échec, vous avez perdu ! *Same player shoot again !*)

Vous qui, toujours en mode pieuvre, une main sur le biberon du petit, l'autre sur le cartable du grand, un pied refermant le lave-vaisselle et l'autre réglant d'un orteil dextre le lave-linge sur le programme « familial 60° », n'avez pas eu une seconde à vous avant de partir les déposer, l'un chez le couple de voisins avec qui vous faites nounou commune et qui n'a pas manqué de vous rappeler que huit heures c'est pas huit heures une, et l'autre pour son premier jour d'école devant laquelle il s'est jeté par terre en hurlant et en vous menaçant de manger une crotte de chien si vous l'abandonniez à cet enfer…

Vous qui, à peine tourné le coin de la rue, avez vous-même fondu en larmes, oubliant que vous n'aviez pas mis de mascara waterproof ce matin et qui, en cherchant un Kleenex dans votre sac vous êtes alors rendu compte que le petit devait certainement être en train de jouer avec votre Smartphone puisque vous aviez son Babyphone dans la main !

Pas le temps de paniquer, vous devez être au boulot dans « il y a dix minutes » ; course, plantage de talon dans une saleté de grille, dévalage d'escalier, porte en pleine figure du connard devant qui se croit tout seul sur terre, recherche hystérique du pass Navigo, posage de sac sur le détecteur dans tous les sens pendant que des gens soufflent ostensiblement dans votre dos, accident voyageur, heure qui tourne, stress qui monte, rame qui arrive enfin, bondée à craquer bien sûr, jetage de soi-même façon lancer de nain, arrivage nez contre aisselle du type qui n'a pas pris de douche depuis deux jours, stations qui défilent, voisins qui collent, wagon qui pue : bref le quotidien.

Arrivée au boulot, vous vous rendez compte que votre robe est trop courte pour que vos collègues vous foutent la paix, trop longue pour faire de votre féminité un atout, trop moulante pour ne pas être haïe par votre patronne et trop fleurie pour être députée. Bref, vous êtes mal habillée.

En passant devant votre client pour prendre l'ascenseur, vous croisez son regard un brin lubrique qui s'attarde sur vos hanches et vous vous demandez : « Que faire ? »

Il est seulement neuf heures et votre journée ressemble déjà beaucoup plus à celle d'un super-héros qu'aucune des miennes, Nicole. C'est pourquoi je vous embrasse, vous la « femme du quotidien », et je vous envoie mon respect et mon admiration.

Et pourquoi ne pourrait-on pas être une femme épanouie sans enfants ?

Mon ami d'enfance JB est grand, beau, athlétique et brillant. J'adore passer du temps avec lui, refaire le monde, traîner dans de vieux cafés…

Un jour, il m'envoie un texto pour me proposer de passer chez lui. « Au café plutôt ? », lui réponds-je… « Tu sais que mon fils va bientôt avoir trois ans et tu ne l'as vu qu'une seule fois ? », m'écrit-il alors. Et j'aurais aimé pouvoir lui répondre : « Mais qu'est-ce que tu veux que ça me foute ? »

De la même manière qu'à la question « Tu veux voir des photos de ma fille ? », je trouve qu'on devrait pouvoir répondre « Plutôt crever » sans avoir à se justifier.

Voilà, désolée.

J'ai le sentiment que derrière un des plus gros avantages de la condition féminine se cache un de ses pires inconvénients : parce que je *peux* faire des enfants, alors je *dois* faire des enfants.

Et, parce que je suis une femme, je me dois d'être douce et maternelle, je suis censée me passionner pour tout ce qui est petit et qui rote sans s'excuser sous prétexte que c'est vagissant, et je suis sommée de me justifier si je n'ai pas d'enfants et pas le projet d'en faire.

Faute de quoi on me considérera comme une horrible sorcière méchante et frigide.

Il me semble pourtant que c'est une plus grande responsabilité de faire des enfants que de ne pas en faire, et que ça serait donc plutôt à ceux qui en font qu'il faudrait demander de se justifier !

Personnellement, je voudrais pouvoir dire, sans être traitée de paria, que les enfants des autres ne m'intéressent pas.

Et, tant que j'y pense, je rêve de trouver une formule claire pour bien faire comprendre aux copines avec qui j'ai rendez-vous pour boire un verre et qui m'annoncent un quart d'heure avant qu'elles viendront accompagnées de leur gosse, que NON ça n'est pas un détail ! C'est-à-dire qu'on passe d'un moment agréable entre amies à un moment extrêmement anxiogène avec un petit être braillard dont on peine à reconnaître la mère tant elle ressemble plus à une perruche sous acide qu'à une copine.

Et, surtout, je voudrais ne plus jamais avoir à subir ces filles satisfaites d'elles-mêmes qui viennent m'expliquer que tant qu'on n'a pas mis un enfant au monde, on n'a rien fait de vraiment important dans sa vie…

Ah bon ?

Je souhaite aussi avoir le droit de distribuer des claques à la petite dinde aux yeux remplis de pitié qui m'assure que devenir mère est le seul vrai accomplissement pour une femme ; je voudrais la gifler en lui expliquant qu'il y a des femmes astronautes, présidentes de la république, championnes de catch, ou amoureuses transies qui s'accomplissent parfaitement dans leur passion.

Je voudrais également pouvoir tacler violemment celles qui pérorent qu'« on n'est pas tout à fait femme tant qu'on n'est pas mère », traitant donc ainsi celles qui ne le sont pas de demi-femme ? D'enfant ? D'homme ? De crustacé ?

C'est déjà tellement désagréable de s'entendre dire :

– à 25 ans : « Quand est-ce que tu nous fais un enfant ? »

– à 30 ans : « Va p't'être pas falloir tarder à nous faire un enfant ! »

– à 35 ans : « Mais pourquoi t'as pas d'enfants ? »

– à 40 ans : « Et alors toi, t'as jamais eu d'enfants ? »

Je voudrais ne plus jamais avoir à supporter de commentaires sur mes choix de vie intime.

Un jour, un oncle de mon ex m'a demandé pourquoi je n'avais toujours pas d'enfants et, se croyant drôle, il a ajouté : « Mais tu sais comment on fait au moins ? », avant de partir d'un rire gras…

J'ai d'abord été tentée de lui mettre un coup de boule et d'ajouter simplement un « merde » sans concession, puis je me suis ravisée et m'apprêtais à me justifier (pas trouvé le père, pas eu le temps, pas pu, pas voulu) quand d'un coup m'est apparu qu'il ne méritait absolument pas de pénétrer ainsi ma vie intime… Est-ce que je lui demande comment va son mariage ? Combien de fois par semaine il fait l'amour à sa femme et s'il a déjà eu des relations extra-conjugales ? Est-ce que je lui demande le résultat de sa dernière coloscopie et la couleur de ses selles ?

J'ai eu envie de lui faire comprendre combien sa question était grossière, impudique, et dangereuse ; j'ai alors pris un air contrit pour lui répondre qu'on m'avait ligaturé les trompes à la suite d'un cancer des ovaires et que je ne connaîtrais donc jamais le bonheur d'avoir des enfants.

J'ai planté mes yeux dans les siens et je dois bien avouer que j'ai pris un immense plaisir à le voir se déconfire devant moi.

Enfin, je voudrais que soit acquis qu'une femme qui devient mère peut rester femme, compétitive, séduisante, passionnée, entrepreneuse, et globalement capable et intéressée par d'autres choses que les purées, les couches et les bronchiolites.

On ne choisit pas d'être enceinte, on choisit d'avoir un enfant

À la seconde où je suis tombée enceinte, j'ai basculé dans un autre monde…

Dans ce monde étrange, on s'est mis à me parler comme si j'étais demeurée : « Quand bébé sera né, maman pourra utiliser des couches pour lui, mais elle devra également en utiliser pour elle-même… Papa devra alors attendre un peu avant de reprendre les câlins ! » (Excusez-moi, je vais vomir.)

Dans ce monde étrange, mon corps ne m'appartenait plus : tout le monde avait le droit de le commenter et de le toucher, et surtout il n'était plus que le véhicule de l'enfant à venir ; la femme autour de l'utérus disparaissait complètement au profit de son passager.

Dans ce monde étrange, je ne faisais plus partie des actifs : on me voyait déjà comme la chômeuse ou la travailleuse à temps partiel que je n'allais pas manquer de devenir et qu'on me reprochait presque de ne pas déjà être... Évidemment, tant que les pères ne seront pas obligés de prendre un congé paternité au moins aussi long que celui de leur compagne – en gros, tant que l'embauche des hommes ne sera pas assortie des mêmes contraintes que l'embauche des femmes –, ces dernières seront toujours défavorisées professionnellement.

Dans ce monde étrange, j'étais devenue une sorte de monstre, objet des fantasmes les plus divers : être hybride entre la maman et la putain, engrossée donc souillée, mais vierge quand même... sorte de « mère virginale » (oxymore absurde persistant à cause de ceux qui, rêvant si fort que leur maman ne s'est pas laissé cochonner par leur papa, croient encore qu'on peut être vierge ET mère), abritant en mon sein un être vivant, je pouvais aussi faire peur ou dégoûter ; mon humanité elle-même était mise entre parenthèses : je n'étais plus fécondable, donc plus vraiment femme ; mais je n'en devenais pas homme pour autant... Qu'étais-je alors ?

Une femme enceinte.

C'est ça ! Dans ce monde étrange, je n'avais plus le droit que d'être femme-enceinte : plus le droit d'être femme, plus le droit d'être actrice, plus le droit d'être compétitive (notez que c'est amusant : je me suis fait asservir aux tâches domestiques sous prétexte que, comme toutes les femmes, je sais faire plusieurs choses en même temps – comme faire le ménage en préparant le dîner tout en surveillant l'enfant –, mais là, subitement, je n'en suis plus capable et il est évident que je ne saurai pas être enceinte ET bien travailler en même temps !), plus le droit d'être en colère, plus le droit d'avoir raison... plus le droit de rien, et surtout plus le droit de me plaindre.

Eh non, car, quand on a la *chance* d'être enceinte et de vivre ce moment merveilleux, on n'a plus le droit de se plaindre de rien, puisque tout ce qui nous arrive, c'est parce que nous l'avons CHOISI. Nous avons choisi d'être enceintes.

Sauf que non, je n'ai pas choisi d'être enceinte. J'ai choisi de faire un enfant. C'est très différent ! Mon homme et moi avons choisi de faire un enfant. Et ensuite, parce que la nature le veut ainsi, je le porte. Mais je n'ai pas choisi d'assumer seule le poids de la grossesse ; ce n'est pas un « hobby ».

Je ne suis pas tombée enceinte pour le plaisir de tomber enceinte, comme un caprice de femme que je me serais offert, comme ça, et qui éventuellement justifierait quelques sacrifices.

Et je vous garantis que ce n'est pas par plaisir que les femmes se tapent les nausées, les hémorroïdes, les varices, les vertiges, les essoufflements, les vergetures, les pieds de mammouth, les POILS sur le ventre, les gencives qui saignent, le corps déformé, le goût de métal dans la bouche, les interdictions (pas de poisson cru, pas de viande crue, pas de fromage, pas de charcuterie, pas d'alcool, pas d'antibiotiques, pas de médicaments, pas de deux-roues, pas de tabac), la gêne, les douleurs, l'arrêt d'un grand nombre de loisirs et d'activités, la fatigue, la déprime, les fuites, les changements d'humeur, l'accouchement, et j'en passe…

Non, ce n'est pas un « kif » qu'on se fait et dont on n'avait qu'à s'abstenir si on voulait conserver notre emploi et notre corps de femme.

Et ce n'est pas non plus une « affaire de femmes », ou seulement quelque chose de personnel et d'intime qui ne concernerait que soi…

Non, en fait, là, je suis simplement en train de vous parler de la Survie de l'Espèce, car certains ont l'air d'ignorer que nous ne naissons pas du cul des poules.

Non : vous, moi, nous, TOUS, l'Humanité entière, nous sortons du vagin d'une femme ; dans le sang, la sueur, les humeurs, les râles, les cris et la douleur ; après des mois de soins, de peurs, de précautions, d'abstinences, de maux et de malaises plus ou moins humiliants. Nous venons tous de là.

Bref, je voudrais m'adresser aux représentants des mâles dominants et à tous ceux qui s'accommodent fort bien de cette phallocratie ancestrale :

> « Entendez bien que la survie de l'espèce dépend du bon-vouloir des femmes à endurer tout ça ; et que si vous voulez qu'elles continuent à se faire engrosser, il va falloir leur rendre la vie un peu plus facile…

Sinon je vous le dis, il y a un moment où ça va les saouler, et elles vont arrêter.

Il va falloir commencer à participer un peu à ce qu'on appelle l'Effort Collectif, vous voyez ?

Et encore, je ne vous demande pas grand-chose :

Nous (les femmes qui sommes d'accord pour faire des enfants), on fait TOUT, et on vous demande juste en contrepartie de comprendre ce que toutes les espèces animales du monde ont compris – depuis la plus primaire d'entre elles – : il faut prendre soin des femelles enceintes.

Les protéger pendant qu'elles fabriquent votre descendance, ou au moins ne pas en profiter pour les dégager du système.

Je vous assure que la manière dont on traite celles à qui nous devons LA VIE est tout simplement inacceptable.

Au nom de l'espèce, merci. »

Le tabou des règles

On connaît tous l'expression « en catimini », qui désigne quelque chose que l'on fait de façon dissimulée ou hypocrite, voire fourbe ou lâche.

Eh bien, je viens d'apprendre qu'elle tire son étymologie du grec « Katamenia » (la lune et le mois), et qu'au XVIe siècle cela désignait… les règles.

J'ai d'un coup réalisé à quel point les « menstruations » (j'emploie à dessein ce mot immonde) constituent un énorme tabou dans nos sociétés.

Moi, par exemple, qui aborde librement à la radio tous les sujets de femme qui m'intéressent (de l'accouchement au harcèlement de rue en passant par toutes les formes de sexualités), en quatre années à France Inter, je n'ai abordé les règles qu'une seule fois, trente secondes, et de manière très superficielle… Il est d'ailleurs amusant de noter que lorsque j'ai dit « je vais parler des règles », tout le monde autour de la table a eu une moue de dégoût.

Car, oui, le sang des femmes dégoûte, effraie et repousse ; les règles souillent les femmes, les excluent, les handicapent ; partout dans le monde les règles sont associées à des croyances absurdes et insultantes (empêcher la mayonnaise de prendre, gâter le vin, faire tourner le lait, etc.) et sont l'occasion de rites d'exclusion ou de « purification » plus ou moins barbares. Au Népal, par exemple, les femmes sont obligées pendant leurs règles de s'exiler dans une hutte en dehors du village, pour ne pas « contaminer » les villageois… Restant ainsi plusieurs jours dans le froid, l'inconfort et le danger, car bien vite ces huttes deviennent le rendez-vous des violeurs. Ce n'est guère mieux dans nos pays « développés » où rien, absolument RIEN, n'est fait pour faciliter la vie des femmes.

Quelle femme d'affaires oserait dire : « Non, pas l'assemblée générale ce mercredi, j'aurai mes règles » ? Alors que l'on sait bien comme les femmes peuvent être réellement mal en point à cette période, et si elles restent performantes, c'est au prix d'un très gros effort, voire d'une automédication abusive (je me suis moi-même retrouvée accro à un médicament codéïné découvert pour calmer l'enfer de mes règles).

Idem pour les sportives. Comment font les sprinteuses, les marathoniennes, les perchistes et autres heptathlètes pour concourir lorsqu'elles ont leurs règles ? Qu'est-ce qui est prévu pour les aider ? Rien. Et on nous a fait payer la TVA à 20,6 % sur les protections périodiques car considérées comme « produits de confort » ! Sérieusement ? « Ben moi j'ai pas besoin de confort alors je vais laisser couler mon sang sur le trottoir, sur les sièges du métro ou à la piscine… » Enfin voyons ?!

N'importe quelle « égratignure » peut justifier une absence, un report de calendrier, un minimum de bienveillance et d'empathie : « Chérie, j'ai extrêmement mal au dos, je vais rester allongé tout le week-end… Tu voudras bien t'occuper des enfants et de la maison ? » C'est une situation à laquelle j'ai souvent assisté, que ce soit au cinéma ou dans la « vraie vie » ; mais, bizarrement, je n'ai jamais assisté à cette scène : « Chéri, j'ai mes règles, je vais rester allongée tout le week-end… Tu voudras bien t'occuper des enfants et de la maison ? »

Cette douleur spécifique n'est pas respectée ; elle n'est pas considérée.

Le seul moment où elle l'est se retourne contre nous : « Mais t'as tes règles ou quoi ?? », sous-entendu : « Tu es pénible, irritable, nerveuse… hystérique ! »

Combien de femmes, tous les vingt-huit jours, sont prises d'une subite envie de se défenestrer ?

Combien de femmes, tous les vingt-huit jours, sont prises d'une subite envie de défenestrer quelqu'un ?

Combien de femmes ont été surprises en pleine rue par ce fameux « vingt-huitième jour », flinguant leur plus beau pantalon blanc ; ou en pleine réunion, flinguant leur plus belle assurance ?

Combien de femmes ont connu ce vingt-huitième jour pile le jour de leur mariage, de leur soutenance de thèse, de leur entretien d'embauche, ou du retour de leur mec après trois mois d'absence (en vous remerciant) ?

Personnellement, pendant les deux jours qui entourent l'arrivée de mes règles, je suis horriblement déprimée, fragile et fatiguée ; je me sens très laide, et d'ailleurs je le suis ! Je suis couverte de boutons et de points noirs, j'ai les cheveux gras, le ventre gonflé, le visage soufflé, de petits yeux vitreux et les chevilles épaisses. J'ai mal aux reins, aux lombaires, aux ovaires et au ventre.

Mais le « drame » des règles, c'est aussi cette conscience aiguë, permanente, de notre inexorable finitude[1].

Contrairement au corps des hommes qui est constant, linéaire, le nôtre est « cyclique », il change en permanence, nous rappelant à chaque instant que le temps passe ! Tous les jours, notre corps nous rappelle que nous avançons vers la stérilité, puis la mort ; tous les jours, de nouvelles étapes de notre corps nous rappellent l'irrémédiable fuite du temps : la puberté, les cycles (fécondité), la grossesse, puis la ménopause.

Alors, OUI, bien sûr, on est un peu tendues quand on a nos règles.

Merci de ne pas nous le reprocher…

---

1. Qu'est-ce que j'écris bien !

Respectez le corps des femmes !

Les règles ne sont pas la seule injustice biologique que les femmes subissent dans l'indifférence la plus totale.

Combien d'entre nous se sont fait, entre deux plaques de verre, aplatir le sein comme une vieille chaussette pour une mammographie ?

Combien d'entre nous ont mis leur frottis dans leur sac à main, ont oublié de le poster et se sont donc retrouvées au supermarché avec le frottis dans le sac, en boîte de nuit avec le frottis dans le sac, chez les beaux-parents avec le frottis dans le sac, et à nouveau chez le gynéco pour le prochain rendez-vous… avec le frottis dans le sac ?

Combien de femmes la grossesse a-t-elle transformées en cachalot ?

Et surtout combien de femmes ne connaîtront jamais le bonheur de subir tous ces désagréments alors qu'elles l'auraient souhaité parce qu'elles n'ont pas trouvé l'âme sœur, ou qu'elles ont fait le tour du monde, créé une multinationale, inventé un brevet, monté une équipe de foot, bref suivi une passion ou construit une carrière, ou tout simplement pas vu le temps passer, et un jour se sont réveillées sans enfants et trop tard pour en faire ?

Mais tout ça, c'est la faute à la Nature ! On n'y peut rien.

Ce qui en revanche devient odieux, c'est quand ce sont les Hommes qui s'y mettent ; et c'est là que je commence à vraiment m'énerver…

Combien de femmes n'ont jamais osé raconter leur rendez-vous chez le gynéco tellement elles s'y sont senties salies et malmenées ?

Combien ont subi les étriers glacés et agressifs, la position humiliante, les manipulations brutales de trop nombreux médecins maladroits ou irrespectueux ?

Et enfin combien ont eu affaire à de vrais pervers (hommes ou femmes) qui, tandis qu'ils vous dominent et vous farfouillent la chatte, se permettent des commentaires sur votre anatomie, votre poids, votre âge, ou votre intimité ?

Combien de femmes voudraient librement gérer leur fertilité, combiner carrière et vie de famille, maîtriser leur temps, leur corps, leur vie, savent que tout cela est possible puisque la science permet désormais l'autoconservation des ovocytes, et sont très en colère qu'en France on nous l'interdise ?

En effet, l'agence de biomédecine française, que j'imagine composée de petits êtres à dominance mâle, chauves, étiolés et rabougris (comme un club de Gollum ou un stand de nains de jardin), a décidé que nous n'aurions pas cette liberté : « Pas de conservation d'ovules pour raison de convenance, sauf cas médical. » C'est-à-dire qu'à moins d'avoir un cancer, c'est interdit. Ce qui est un petit peu cher payé le droit à disposer de ses propres ovocytes...

Le décret comporte en plus un chantage absolument inacceptable : les seules femmes qui pourraient bénéficier de cette possibilité seraient celles qui accepteraient de faire don d'une partie de leurs ovocytes... Ben voyons !

Je précise que l'autoconservation de convenance est bien évidemment possible pour les hommes, qui n'ont pourtant pas les mêmes échéances de fertilité... et que la technique est autorisée aux États-Unis, au Canada, en Italie, en Espagne, en Angleterre et en Belgique (où vous pourrez donc bénéficier à la fois d'avantages génétiques et d'avantages fiscaux).

Je tiens à saluer ici le Comité consultatif national d'éthique et le Pr René Frydman qui œuvrent pour faire évoluer cette loi, qui permettrait une grande avancée en termes de prévention de l'infertilité, qui éradiquerait au moins l'un des tristes désagréments physiologiques féminins, et qui nous rapprocherait un peu d'un semblant d'égalité entre les sexes.

Je salue également toute l'équipe du Groupe Naissance (et en particulier le sage-femme Willy Belhassen) qui prouve tous les jours que l'on peut pratiquer des gestes plus ou moins invasifs, comme le frottis, la pose d'un stérilet, ou l'utilisation de forceps avec un respect et une DOUCEUR inouïs !

Mesdames, quelle qu'en soit la raison, n'acceptez plus qu'on vous maltraite, jamais !

Les femmes sont seules à porter les enfants, ce n'est pas pour ça qu'elles doivent être seules à les élever

« Je vais être maman ! »

Quel bonheur, quelle joie !

De courte durée.

Sous prétexte que je suis une future maman ou une jeune maman, on me parle comme si j'étais effectivement jeune et ignorante… Au début, c'était plutôt rafraîchissant, d'autant que je vais bientôt avoir quarante ans, mais c'est surtout devenu très vite très gonflant.

Enfin, ça n'est pas parce que je débute en tant que mère que je débute dans la vie ! Ni parce que je suis encore ignorante des choses de la maternité que je suis une ignorante tout court !

Merci de noter que je ne suis ni malade, ni handicapée.

Et merci de ne pas me parler comme si j'étais débile (« Et quand bébé arrivera, comment la maman l'appellera ? ») sous prétexte que je suis enceinte.

Merci de ne pas dire « c'est les hormones » à chaque fois que je suis en colère, ou triste, ou mécontente (il m'arrive d'avoir simplement raison) !

Et si j'ai la moindre peur ou le moindre doute, merci de ne pas me traiter comme une enfant : « Ah ben fallait y penser avant… »

Enfin, surtout, merci d'éviter le fameux : « On peut pas tout avoir ! », qui fuse immédiatement si j'ose me plaindre que mon emploi ou mes conditions de travail sont menacés ou que mon corps a morflé, ou que je suis en manque de rosé…

Merci aussi de ne pas préjuger de ce dont je suis capable ou pas :

« Ben… c'est sûr qu'elle a moins la tête à travailler… ! »,

« Elle n'est plus disponible »,

« Elle est moins efficace »,

« Elle n'est pas concentrée »,

« De toute façon, dans peu de temps, elle sera bien obligée de s'arrêter »,

« Je comprends son patron, c'est vrai qu'elle n'a plus les mêmes atouts pour vendre… ! »,

« Je comprends ses collègues, c'est vrai qu'elle est moins fiable »,

« Non, mais qu'elle se concentre sur son bébé, c'est ça le plus important… ! »

Tous les jours, en France, des femmes sont discriminées, renvoyées ou placardisées parce qu'elles sont enceintes ; et, tous les jours, des milliers de gens trouvent ça normal.

Sous prétexte de leur ménager une maternité sereine ou une grossesse tranquille, et derrière les concepts de « Nature » et de « on ne peut pas tout avoir », on les laisse se charger seules de la survie de l'espèce et abandonner petit à petit leurs ambitions de femme, leur carrière et leur place sociale et professionnelle.

Au mieux, on cherche à les « aider à concilier vie de famille et vie professionnelle », mais pourquoi ça ne serait que LEUR problème à elles ?

Et qu'on ne vienne pas me dire : « Mais c'est la nature ! Ce sont les femmes qui ont du lait dans les seins, pas les hommes... » Effectivement, pour des raisons biologiques, pendant des siècles c'est à elles qu'incombait le devoir de nourrir, de soigner et d'éduquer les enfants ; mais aujourd'hui, grâce au lait maternisé, les pères sont aussi aptes que les mères à prendre soin de leur progéniture.

Et puis est-ce qu'on est bien sûr que c'est la Nature qui crée des trottoirs trop étroits pour les poussettes, des escaliers à chaque correspondance dans le métro, les connards qui vous laissent debout parce qu'ils font semblant de ne pas voir que vous êtes enceinte jusqu'aux yeux, les taxis qui ne vous prennent pas parce qu'ils ont peur que vous accouchiez sur leurs beaux sièges en cuir, les neuneus qui vous parlent comme à une débile mentale, les Père la Morale qui vous font culpabiliser parce que vous avez mangé UN sushi ou trempé vos lèvres dans une coupe de champagne pour votre anniversaire, les gens que votre état dégoûte, ceux qui ne savent plus comment vous considérer (ben oui, si vous n'êtes plus un potentiel objet de désir, en tant que femme, vous n'êtes plus rien, non ?), les employeurs qui vous virent, les supérieurs qui vous placardisent, les collègues qui vous débinent… ?

Pardon, mais il me semble que la vraie responsable de tout ça, ce n'est pas la NATURE, mais plutôt la nature HUMAINE !

Si on pouvait seulement évoluer un peu dans la répartition des tâches parentales…

Pour ce faire, il faudrait commencer par faire évoluer les modèles :

– changer les idéogrammes désignant les enfants ou les bébés (espaces table à langer, places réservées aux personnes avec enfants, locaux à poussettes, etc.) qui sont toujours représentés accompagnés de FEMMES !

– modifier les manuels scolaires, les dessins animés et les films lorsqu'ils sont truffés de femmes à la maison et d'hommes qui travaillent ;

– demander aux instituteurs-trices, aux directeurs-trices de crèche, aux nounous et autres baby-sitters de ne pas s'adresser uniquement (voire exclusivement) aux mères : « Tu demanderas à ta maman de laver ton pantalon ? »

– arrêter de croire qu'il n'y a qu'un seul parent. Dans les premiers mois de mon fils, combien de fois m'a-t-on demandé, les yeux exorbités d'horreur, « mais où est-il ? » lorsqu'on me croisait sans lui… Je peux vous assurer que c'est une question qu'on n'a jamais posée à son père ;

– considérer que les enfants ne sont pas que la responsabilité des femmes. Par exemple, chez Flammarion, ma propre éditrice se plaint qu'il n'y a pas de crèche ou d'espace garderie dans les locaux alors qu'un espace immense est consacré à une salle de sport utilisée par deux pèlerins une fois de temps en temps. On lui a répondu : « Mais si on remplace la salle de sport par une garderie, il n'y aura plus d'espace dédié aux hommes, voyons ! Il faut être équitable ! » D'accord, donc la partie « enfants » serait réservée aux femmes, et la partie « sport » serait mixte ?… On croit rêver !

Tant que nous considérerons que faire et élever des enfants est une responsabilité exclusivement féminine, cette activité ne sera jamais considérée, ni valorisée, ni soutenue.

Il m'est arrivé une aventure très désagréable qui illustre parfaitement cette aberration : j'étais engagée sur une pièce de théâtre lorsque je suis tombée enceinte ; le « patron » de cette pièce était un ami qui, à la même période, était également le patron de mon amoureux sur une autre pièce de théâtre.

Lorsque j'ai appris ma grossesse, j'ai tout de suite annoncé la « bonne nouvelle » à mon ami, le prévenant aussi que je ne pourrais donc pas assurer toutes les dates de la tournée. J'ai mis des guillemets à « bonne nouvelle » car ce n'en était pas du tout une pour mon soi-disant ami... Fou de rage que « je lui fasse ça », et arguant que même si ça ne se voyait pas tout de suite, lui le savait et ça l'empêchait de jouer parce que ça le « dégoûtait » (sic), il a entrepris de me virer, de me faire remplacer et de dévoiler mon état à tout mon milieu professionnel (alors que je n'étais pas encore à trois mois et que mon propre père n'était même pas au courant). Quand je m'en suis aperçue et que les choses ont commencé à tourner vinaigre, il m'a traitée de folle et d'hystérique et m'a accusée d'avoir mis en péril sa pièce en n'ayant « pas su gérer ma contraception » (re-sic). Pendant ce temps, il continuait à travailler avec mon amoureux en lui proposant de ne pas mettre cette histoire entre eux, car « cela ne les concernait pas »... (sic encore !)

Et récemment, un an et demi plus tard, au lieu de me remercier d'avoir eu la gentillesse de ne pas lui faire de procès pour discrimination à l'embauche, il trouve le moyen de me faire virer d'une émission de télé et de me traiter de « pute » parce que je suis tombée enceinte...

En revanche, il travaille toujours avec mon homme !

C'est-à-dire que ce type (et beaucoup d'autres) pense vraiment que mon homme n'y est pour rien et que je suis la seule responsable.

Au passage, il ne réalise pas non plus qu'il a donc traité de fils de pute l'enfant de celui avec qui il travaille. (Vous vous demandez sûrement pourquoi mon homme continue de bosser avec ce sale type… ? Parce qu'il faut bien vivre et que, de nos jours, on ne crache pas facilement sur une opportunité lucrative. J'aurais fait comme lui. Mais j'aurais adoré vivre dans un monde où mon homme aurait pu prendre parti pour moi et me protéger.)

J'aimerais tellement que cette sous-raclure et ses semblables lisent ce livre pour comprendre ceci : mon homme et moi avons décidé ENSEMBLE de faire un enfant, puis nous avons fait l'amour ENSEMBLE, nous sommes réjouis ENSEMBLE que je sois enceinte et avons attendu ENSEMBLE l'arrivée de cet enfant qui a fait de NOUS des parents !

Les enfants se font à deux et il y a généralement un homme quelque part qui en partage la responsabilité.

S'il faut faire évoluer les mentalités, il faudrait également faire évoluer la loi.

Tant que les pères ne seront pas obligés de prendre un congé paternité au moins aussi long que celui de leur compagne, aucune égalité professionnelle ne sera possible. (Ne soyons pas naïfs : si je suis patron, et que j'ai le choix, à diplômes et compétences égales, entre un homme sur qui je vais pouvoir compter à 100 %

sur le long terme, et une femme qui risque à tout moment de me faire péter un congé maternité de six mois… je ne vais pas hésiter longtemps !)

Et, enfin, il faudrait arrêter de mettre la pression sur les femmes.

Non, celles qui n'ont pas d'enfants ne sont pas des sous-femmes.

Non, celles qui n'en ont qu'un ne sont pas des égoïstes.

Non, celles qui avortent ne sont pas des criminelles.

Non, celles qui ont des professions libérales ou artistiques, ou tout simplement qui adorent leur métier, et qui n'ont pas envie de s'arrêter huit semaines (congé maternité minimum obligatoire) ne sont pas des mères indignes à clouer au pilori.

Non, les enfants de celles qui ont choisi de ne pas allaiter ne souffriront pas d'atroces carences qui les condamneront à une vie de souffrance.

Et non, les mères qui font très vite garder leurs enfants ne sont pas des femmes qui « auraient **mieux** fait de ne pas en faire, si c'est pour ne pas s'en occuper ».

Comme sur beaucoup de sujets, la cause des femmes est traitée à l'emporte-pièce.

Pour les chômages, les retraites, les congés maladie et autres lois encadrant les travailleurs HOMMES et femmes, tout est pensé pour que chaque profession (ou du moins chaque type de profession) ait un traitement adapté.

Pour le congé maternité (qui ne concerne donc que les femmes), il n'y a qu'un modèle. Comme si toutes les femmes de France, quels que soient leur métier, leur domaine d'activité, leur rythme de travail ou leur âge, pouvaient être identiquement traitées dès l'instant où elles sont enceintes.

Moi, par exemple, j'ai été obligée d'arrêter la radio pendant huit semaines incompressibles, alors qu'il s'agissait de passer une heure et demie une fois par semaine assise devant un micro.

De plus, pendant ces huit semaines, je n'avais droit qu'à un quart de mes revenus habituels (en tant qu'intermittente du spectacle, je suis considérée comme chômeuse et j'ai donc droit à une indemnité équivalant à peu près aux trois quarts de mon allocation-chômage, qui elle-même est plafonnée à peu près à un tiers de mes revenus réels), et si je n'arrivais bizarrement pas à vivre avec cet ersatz de salaire et que j'acceptais ne serait-ce qu'une heure de travail ailleurs, alors je perdais tout droit et étais contrainte de rembourser toutes les sommes perçues !

En gros, pour résumer mon cas : j'étais prête à ne rien demander à personne, mais on me force à prendre un congé (dont je ne veux pas) et à toucher des allocations (dont je n'ai pas besoin), et ensuite on m'interdit d'exercer mon métier au nom de ces allocations que j'ai touchées et de ce congé que j'ai pris (alors que j'ai du travail, et que nous sommes dans un pays en crise, je le rappelle !).

Bien sûr, la loi sous le coup de laquelle je suis tombée est au départ une grande avancée sociale dans la protection du droit des femmes, et mon employeur n'avait d'autres choix que de l'appliquer ; je déplore simplement (sans surprise malheureusement) qu'aucun aménagement ne soit fait en fonction des différents types de professions.

Oui, ce sont les femmes qui portent les enfants, mais ces enfants ont besoin de parents (qu'ils soient un, deux ou trois ; qu'ils soient homo ou hétéro n'est pas le propos ici) pour grandir.

Il serait temps de partager la responsabilité de la survie de l'espèce.

De la naissance à la mort en passant par l'accouchement, notre corps nous appartient

On reçoit tous régulièrement des SMS de ce style :

« Louison est née ! Tout va bien, elle est en pleine santé et ses parents sont fous de joie ! »

Ces SMS ne sont pas faux à proprement parler (la petite Louison est bien née, elle est effectivement en bonne santé et ses parents sans aucun doute fous de joie) ; mais ils sont tout de même très mensongers…

C'est le « tout va bien » qui n'est pas juste, car, lors d'une naissance, il se passe simultanément trois choses : un enfant naît, une femme accouche, et quelqu'un au moins devient parent.

(D'ailleurs la nouvelle terminologie « salle des naissances » au lieu de « salle des accouchements » – comme si un enfant pouvait naître sans qu'une femme accouche – en dit long sur notre conception moderne de l'accouchement : tout tourne désormais autour de l'enfant à naître ; et la femme qui donne la vie peut bien crever...)

Et tout est là : une naissance formidable peut très bien être le fruit d'un accouchement catastrophique, et rendre malgré tout des parents heureux (et l'inverse est également vrai).

Et c'est ce que j'ai découvert récemment : la plupart de mes amies, qui pourtant m'ont annoncé gaiement la naissance de leurs enfants, ont en réalité été estropiées, mutilées, et terrorisées.

Bien sûr, on ne retient que cette chose formidable qui efface tout le reste : un enfant est né !

Mais l'écrasante majorité de celles à qui j'ai demandé des détails sur leur accouchement a fini par me raconter des histoires atroces sur la manière dont elles avaient été traitées.

C'est, à mon sens, le vrai scandale des accouchements modernes : on fait croire aux femmes qu'elles ne savent pas accoucher et qu'elles ont besoin de la médecine du Grand Docteur Blanc pour mettre leurs enfants au monde ; on les coupe de leur corps et de leur enfant à venir, on les prive de leur instinct et de leurs intuitions ; on les effraie, on les angoisse ; et comme on leur répète depuis l'enfance « tu enfanteras dans la douleur », elles acceptent sans ciller les mutilations (rappelons qu'une épisiotomie EST une mutilation), les humiliations, la négation de leurs volontés et de leurs peurs de parturientes et de futures mères, la propriété de leur corps, leur intimité…

On a fini par accepter que notre corps ne nous appartient plus le temps de la naissance et qu'il est donc tout à fait normal qu'il soit instrumentalisé par la médecine pour en extraire des enfants.

Alors que, SI, notre corps nous appartient !

Il nous appartient de la naissance à la mort, en passant par l'accouchement ou l'avortement.

– Merci de ne pas considérer notre corps comme ce qui est autour de l'enfant à naître ! (« Houhou, il y a une dame au-dessus de cet utérus ! », « Le corps qui porte cet enfant appartient à quelqu'un, il va falloir en prendre soin ! »)

– Merci de ne pas déclencher les accouchements prématurément sous prétexte que notre terme est prévu au milieu d'un week-end de trois jours ! (Pardon pour vos vacances, mais il va falloir revoir vos priorités… !)

– Merci également de ne pas nous découper le vagin pour que l'enfant sorte plus vite parce que vous avez un golf à seize heures !

– Merci de respecter nos choix : si on demande la péridurale MAINTENANT, c'est qu'on a vraiment mal MAINTENANT !

Et ne nous menacez pas de nous rendre hémiplégique si on continue à bouger car on ne bouge pas pour le plaisir de bouger : on bouge parce qu'on jongle, OK ? Rester calme n'est pas une option !

Et surtout, SURTOUT, ne nous dites pas qu'il « faut souffrir un peu » (comme une sordide connasse l'a dit un jour à une de mes amies). Non, il ne *faut* pas souffrir : ça ne nous apportera pas des points bonus pour aller au paradis, alors pitié, gardez vos bondieuseries pour vous.

– A contrario, merci de ne pas nous harceler avec des insinuations déplacées sur ce qu'on risque d'endurer si on ne prend pas la péridurale… Je sais que c'est plus facile pour vous d'officier sur une femme anesthésiée qui gigotera beaucoup moins, mais ça n'est pas la peine de nous siffler dans l'oreille avec un air sadique « ça fait mal hein ? » si on choisit malgré tout de faire sans…

– Merci de ne plus essayer de nous faire croire que la position obstétricale (sur le dos avec les pieds dans des étriers en métal) est la plus confortable. Ou alors précisez pour qui. Parce qu'il est évident que pour le gynéco, c'est super de ne pas avoir à se contorsionner pour pouvoir nous observer le fond ; nous, en revanche, je ne vous cache pas que, dans cette position, on est aussi confort que dans un string en barbelés…

– Merci de ne pas nous faire culpabiliser si on décide de ne pas allaiter. (« Mais tu ne veux pas le meilleur pour ton enfant ? ») Et d'éviter la moue de dégoût si au contraire on donne le sein ! (« M'enfin tu ne vas quand même pas l'allaiter jusqu'à ce qu'il ait des dents ? »)

– Merci de ne pas NIER totalement la femme que je suis en me demandant, devant mon mec : « Alors on est allée à la selle ? On a eu des gaz ? »

– Merci de ne pas me traiter comme une enfant (« Ah ben fallait y penser avant… ! ») si j'ai la moindre peur ou le moindre doute.

En gros, ceci est mon corps, ceci est ma poitrine, ceci est mon sexe, merci de bien me laisser faire ce que je veux avec !

– Enfin, merci de ne pas considérer les maternités comme des zones de non-droit ou des prisons où on entre dans les chambres n'importe quand, tout le temps, la nuit, sans frapper ; où la nourriture est infâme et où on n'est pas nourries quand on le souhaite mais quand on le peut ou quand on le doit ; où les pères n'ont pas le droit de dormir (c'est mieux pour eux d'aller se reposer un peu chez eux, vu qu'ils viennent d'accoucher…) ; et où des gens viennent vous reluquer le derrière sans s'être présentés et sans vous avoir demandé l'autorisation.

Quand je suis tombée enceinte, je n'avais aucun a priori sur ce que je souhaitais ; alors je me suis inscrite tout de suite dans deux maternités très différentes : une « bio » dans laquelle j'imaginais accoucher sans péridurale (et pourquoi pas dans l'eau) ; et l'autre très médicalisée, très chic, dans laquelle j'imaginais programmer une césarienne. Comme Madonna.

J'ai rencontré le personnel des deux endroits pour conclure qu'aucun ne me convenait parce qu'aucun ne considérait le respect de mes choix comme une priorité ; dans les deux établissements, j'ai entendu « c'est comme ça », « c'est le protocole », « c'est interdit », « c'est impossible », « nous ne fonctionnons pas comme ça », etc.

Alors j'ai commencé à demander à mes amies…

« Il s'est bien passé ton accouchement ?

— Super ! »

Toutes les conversations ont commencé à peu près comme ça, mais, au bout de cinq minutes à peine, j'apprenais qu'une telle avait eu une césarienne en urgence, qu'une autre avait eu une épisiotomie, qu'une autre encore avait travaillé pendant neuf heures sans péridurale alors qu'elle la réclamait en pleurant, que celle-ci avait dû accoucher sans aide au bout de trente-six heures de travail parce que son gynéco n'était pas d'accord avec son choix de ne pas être anesthésiée, que celle-là avait détesté la manière dont l'infirmière lui avait parlé et que ça l'avait profondément blessée… Une autre, sans vouloir rentrer dans les détails, me confiait qu'elle ne retournerait jamais dans telle maternité, et une autre carrément qu'elle ne ferait pas de deuxième enfant de peur de revivre une expérience douloureuse.

La très grande majorité d'entre elles avait été confrontée à un manque de considération inacceptable, voire à une certaine hostilité.

Dans ce moment où les femmes sont extrêmement vulnérables, il suffit d'une seule personne… D'autant que le personnel est souvent amené à changer en cours d'accouchement, ce qui fait que les liens de confiance qu'elles avaient éventuellement réussi à tisser sont à recréer entièrement.

Et, bizarrement, beaucoup de femmes continuent d'accepter tout ça…

Une amie enceinte, à qui j'ai pourtant raconté mon expérience, m'explique que sa sage-femme lui a dit de ne pas trop insister auprès de la gynéco sur le fait qu'elle ne voulait pas d'épisiotomie : « Elle risque de mal le prendre : elle connaît son travail, elle fait très souvent des épisiotomies, et si elle les fait c'est qu'il faut les faire… ! »

Mais tout ceci n'est pas une fatalité ! Heureusement qu'il existe des initiatives comme le Groupe Naissance que la chance m'a permis de découvrir : un collectif de gynécologues, sages-femmes, infirmières, obstétriciens, hapto-thérapeutes, acupuncteurs, etc. réunis autour de l'envie de pratiquer une médecine obstétrique douce et respectueuse des femmes autant que des hommes et de leurs enfants.

Malheureusement trop peu entendus…

Ne plus jamais entendre parler d'IVG « de confort »

Enfin, comment parler de grossesse et de maternité sans parler d'IVG…

Plus précisément, je voudrais parler de cette formidable notion apparue en France récemment : la notion d'IVG de confort.

Rien que la terminologie me donne envie de hurler.

Avortement de « confort » donc…

Mesdames, entendez par là, si votre grossesse n'est pas le fruit d'un viol et si votre vie n'est pas menacée, alors toute interruption sera dite « de confort ».

« Qu'est-ce que je vais faire aujourd'hui ? Je me fais un petit ciné ? Je vais me faire masser ? Ou je vais me faire avorter ? »

« Oh, j'ai vraiment envie de confort aujourd'hui, je vais me faire avorter ! »

« J'ai tellement envie de me faire enfoncer dans le vagin une aiguille de plusieurs centimètres pour perdre des décilitres de sang et un embryon qui aurait pu devenir un bébé que j'aurais pu chérir ! »

IVG de confort, sérieusement ?

De CONFORT ?

L'éducation des hommes de demain est entre les mains des femmes d'aujourd'hui

Dans un chapitre précédent, j'ai fait une brève allusion à l'homme qui partage ma vie. Comme vous l'avez sans doute compris, il appartient à une espèce encore trop rare ; une espèce en voie d'apparition : « l'homme féministe ».

Pour ceux qui n'ont jamais croisé de spécimen, l'homme féministe est un homme constitué comme un homme normal, avec une tête, des poils, deux bras, deux jambes et un service trois-pièces, mais il a en plus développé la faculté de savoir passer l'aspirateur, faire les courses, repasser le linge, faire la vaisselle, ou cuisiner et tout ça sans se sentir attaqué dans sa virilité.

Il est scandalisé par exemple lorsque, en comparant sa fiche de paye avec celle de sa collègue qui occupe le même poste, il s'aperçoit qu'elle gagne 20 % de moins ; et il est fier si sa femme a un salaire supérieur au sien.

Il est admiratif et non effrayé par tout ce qu'il voit de différent chez les femmes ; et il sait des choses que les hommes normaux ignorent : il sait par exemple que les filles sont plus courageuses que les garçons mais qu'elles ont quand même envie d'être protégées, ou que quand elles demandent : « Dis, tu trouves que j'ai grossi ? », ça n'est pas la Vérité qu'elles attendent ; il sait comment les aimer, et comment s'en faire aimer, il sait où est leur plaisir.

En d'autres termes, l'homme féministe est un homme comme les autres, mais en mieux ; il est plus intelligent, plus évolué, plus fin, plus sensible, plus fiable, plus sexy, bref, je ne sais pas comment vous le dire avec des mots simples : il est mieux.

Oui, l'Homme féministe est l'élite de la gent masculine.

Ce qui fait de lui une icône, une idole, un être supérieur, un mâle alpha, un héros, un demi-dieu, un condensé de virilité, une bête à cul, un colosse tout de muscles foutu avec de belles fesses rebondies comme dans les pubs pour les slips à la télé, avec le torse huilé, les phéromones en folie, la testostérone au taquet et le testicule à toupet, fier comme un vit d'adolescent et fort comme une massue, oh prends-moi Homme, je suis tienne !

Pardon.

Cette impudique déclaration pour me permettre de rappeler une chose très importante : ce sont des femmes qui les ont élevés, ces hommes qui sont devenus formidables.

Comme je suis moi-même actuellement en train d'essayer d'en élever un.

Et comme vous aussi, peut-être, êtes en train d'en élever, des hommes qui deviendront formidables... ou pas.

Car oui, c'est aussi un peu entre nos mains...

Ne nous étonnons pas que les femmes soient accusées d'être infoutues de faire un créneau si nous leur réservons les poupées et n'offrons qu'aux garçons les jeux de voiture.

Ne nous plaignons pas du sexisme qui règne à la maison comme au bureau, si nous donnons à nos fils les jouets de logique et de stratégie et élevons nos filles avec des dînettes et des baigneurs.

Ne reprochons pas aux hommes d'être insensibles si nous n'autorisons pas les petits garçons à pleurer.

Et si nous sommes la bonne de notre mari, n'imaginons pas que notre fils traitera sa femme autrement.

Ne nous plaignons pas du machisme ambiant tout en nous extasiant sur le « fort caractère de notre petit garçon qui a repeint la cuisine avec sa purée » tandis que nous traitons de souillon notre fille qui en a fait autant.

Ne déplorons pas une répartition inégale des tâches ménagères dans le couple si on laisse nos enfants nous offrir des aspirateurs pour la fête des Mères et des perceuses pour la fête des Pères. Car, non, ça n'est pas équitable ! Quand bien même on considérerait qu'une perceuse est aussi dégradante et sexiste qu'un aspirateur (alors que c'est un objet de bricolage et non de ménage et que, je vous le rappelle, c'est avec une perceuse géante que Bruce Willis sauve le monde dans *Armageddon*), il est quand même à noter que l'aliénation n'est pas du même ordre : maman utilise son aspirateur si ce n'est tous les jours, au moins plusieurs fois par semaine ; tandis que papa, à moins d'être un maniaque du trou, ne s'en sert pas plus d'une fois par mois !

Enfin, cessons de nous interroger sur les inégalités professionnelles quand nos manuels scolaires véhiculent des modèles extrêmement sexistes.

Selon une étude réalisée par le Centre Hubertine-Auclert sur vingt-deux ouvrages publiés entre 2008 et 2015, les femmes sont sous-représentées et dominent dans les sphères de « la parentalité et des activités domestiques ». Les mots masculins sont considérés comme la norme, les petites filles représentées restent à l'intérieur quand les petits garçons jouent dehors, et la plupart des personnages ayant un métier scientifique (astronaute, médecin...) ou physique (aviateur, pompier...) sont campés par des personnages masculins, tout comme les tâches domestiques sont réalisées par des femmes. C'est la maman qui va au marché, qui fait la cuisine ou s'occupe des enfants.

Alors, mesdames, à bonnes entendeuses, salut, c'est à nous de tout mettre en œuvre pour que nos filles ne deviennent pas hôtesses de l'air mais pilotes de ligne, pas assistantes de direction mais pédégères, et pas greffières mais juges d'instruction !

Qui a dit que la théorie du genre niait le genre ?

La théorie du genre a récemment déchaîné les passions les plus réacs sans que je sache vraiment quoi répondre, si ce n'est « mais vous êtes débiles ou quoi ? », ce qui est un assez piètre argument, j'en conviens.

J'ai donc rongé mon frein jusqu'à ce que je rencontre une jeune femme, J, qui éclaire ma lanterne.

Pour commencer, il faut arrêter avec le mot « théorie » qui effraye le petit-bourgeois en lui faisant croire qu'il s'agit d'un complot transsexuel maçonnique visant à pervertir ses enfants.

Il n'y a pas de « théorie » ; il y a juste des gens qui ont étudié et réfléchi et qui se sont rendu compte qu'il pouvait y avoir des femmes masculines et des hommes féminins, des femmes qui se sentent hommes et des hommes qui se sentent femmes, des femmes qui aiment les hommes, et d'autres les femmes tout en se sentant femmes ; bref, que chez l'homme comme chez la femme il y a du féminin et du masculin, et ceci indépendamment de toute orientation sexuelle.

En gros, il y a le sexe biologique : un zizi ou une foufoune.

Le sexe civil : est-ce qu'il y a écrit « Madame » ou « Monsieur » sur vos papiers.

Il y a l'identité de genre : est-ce que vous vous sentez homme ou est-ce que vous vous sentez femme.

Et enfin le sexe social : est-ce qu'on parle de vous en disant « Il » ou en disant « Elle » ; c'est-à-dire comment on vous perçoit. (Si on parle de vous en disant « ça », c'est que vous êtes un meuble et vous ne devriez pas être en train de lire ce livre.)

Alors, bien sûr, c'est plus facile quand on a toutes les croix du même côté : femme, foufoune, Elle, Madame.

Dès que ça se mélange, ça se complique...

On se retrouve avec des Fommes, des Hammes, des modomes, des massieux, et autres monsieur-dames ; et ça, la société, elle aime pas.

Mon amie J par exemple, qui m'a fait comprendre ce qu'est le « genre », est née avec un sexe d'homme.

Elle ne se l'est pas fait enlever, mais elle est extrêmement féminine et à cause des traitements hormonaux qu'elle prend pour sa transformation, elle a tellement d'œstrogènes dans le sang qu'elle répond positif aux tests de grossesse.

Alors, on fait comment avec une femme, état civil homme, hormonalement enceinte, dotée d'un pénis et d'une paire de seins, avec un prénom féminin et qui vous passe bien le bonjour ?

Eh bien, pour la société, c'est facile : c'est un Trans.

Sauf que mon amie n'est pas un Trans, c'est une Femme ! Qui est passée par une TRANS-formation pour y arriver. Mais en quoi son parcours nous regarde-t-il ?

C'est comme si un médecin n'avait pas le droit de s'appeler Docteur s'il n'avait pas eu tous ses examens du premier coup ! Vous imaginez ? Il y aurait des Docteurs et des Octeurs. Et des Cteurs, et des Teurs, selon le nombre de fois où ils auraient redoublé...

Et même, plus simplement : moi !

Certes, j'ai toutes les croix du même côté, et on peut dire sans trop prendre de risque que je suis une femme ; mais ce n'est pas parce que je suis une femme que je suis uniquement et exclusivement féminine. (Et ceux que j'ai déjà battus au jeu de l'alphabet en rotant sont bien placés pour le savoir.)

Déjà, physiquement, c'est compliqué : j'ai un boulard de compétition mais je n'ai pas de seins, j'ai des petites épaules toutes fines et délicates mais j'ai des cuisseaux de footballeur uruguayen, et pour le reste je cuisine et je fais de la chute libre, je pratique le Krav maga et la danse classique, je suis intuitive et rationnelle, je peux jurer comme un charretier et chialer comme une gamine… Bref, j'ai en moi du féminin ET du masculin.

Alors on fait comment ? Je suis quoi si on n'a pas le droit à la nuance ?

Et puis je préfère qu'on me voie comme je suis et non pas comme je suis supposée être sous prétexte que j'ai une foufoune ! (Ou un frifri, un cucul, un panpan, un berlingot, un moule à gaufres, ou une fine de claire !)

Récemment, pour la première de mon spectacle, qui s'appelle pourtant *Femmes libérées*, on nous a offert, aux actrices des fleurs, et aux acteurs des magnums de vin rouge.

Voilà : parce que je suis une femme, je préfère les fleurs ! Alors qu'il suffit d'être attentif à la *personne* que je SUIS pour voir tout de suite que je suis une vieille pochetronne, et que les fleurs je les apprécie surtout pour leur pisser dessus, debout, après avoir bu ledit magnum !

(Mon chéri, si tu lis ces lignes, pardon, je sais que ce n'est pas ce que tu préfères en moi…)

Ce n'est pas sexiste de dire que c'est féminin d'être délicat et que c'est masculin d'être guerrier par exemple ; ce qui est sexiste, c'est de dire que toutes les femmes sont délicates et que tous les hommes sont guerriers !

C'est sexiste et c'est stupide.

Car tout n'est pas masculin chez les hommes (et il y en a qui sont délicats et qui n'ont aucun instinct martial), et tout n'est pas féminin chez les femmes (certaines n'ont aucune délicatesse et rêvent de défoncer des armées entières à coups de barre à mine) !

Par exemple, on envoie qui faire la guerre ? Jeanne d'Arc ou Michou ? Ah ! Vous voyez bien que ce n'est pas si simple… !

Nier le genre est exactement ce qui mène au sexisme ordinaire :

– rose/bleu, maman gâteaux/papa boulot, ceci est pour les filles/ceci est pour les garçons ;

– « toi ma fille tu n'as pas le droit de vouloir te battre et d'aimer gagner ; tu resteras donc seconde, deuxième, femme de, fille de, un petit pas derrière l'homme, moins payée, moins reconnue, moins vainqueur – mot qui n'a d'ailleurs même pas de féminin… ! »

– « et toi mon fils, tu n'as pas le droit d'avoir peur ni d'avoir mal ; la honte et le déshonneur te menaceront à la seconde où tu montreras tes faiblesses, et tu devras vivre caché avec tes peines et te battre seul contre tes démons. »

Un monde qui fait rêver…

Et pour rassurer ceux qui redoutent encore que l'éducation nationale force un jour leurs fils à porter des jupes : ça n'est pas du tout le but des ÉTUDES sur le genre, qui sont au contraire le parfait point de départ pour une lutte éclairée contre les sexismes et les inégalités entre les sexes.

Des droits et des devoirs

Je me rends compte tous les jours que ça n'est pas gagné et que nous sommes encore bien loin d'avoir obtenu tous les droits et toutes les libertés qui nous permettraient d'être l'égale de l'homme…

Mais quand je m'aperçois que, en plus, les droits que nos mères et nos grands-mères ont acquis pour nous de haute lutte ne sont pas gratuits, alors je désespère carrément !

C'est quand même dingue que, sous prétexte que la société n'évolue pas aussi vite que les lois, je ressente que pour chaque droit obtenu (travail, indépendance bancaire, contraception, avortement, parité, etc.), on me donne autant de devoirs, comme si j'avais à « mériter » ces droits…

Par exemple, maintenant que je peux maîtriser ma contraception, si j'ai un enfant, c'est que je l'ai vraiment voulu ; donc, j'ai intérêt à ne jamais me plaindre, à ne jamais être fatiguée, et à être capable de m'en occuper seule ou presque s'il le faut...

Et comme je me bats pour une parité dans le monde du travail, j'ai aussi intérêt à avoir de l'ambition, à être capable de mener de front vie de famille et vie professionnelle, et à être plus performante que n'importe quel homme à ma place.

De la même manière, étant donné que je jouis des fruits de la révolution sexuelle des années soixante-dix, j'ai intérêt à en profiter ! Et on a vite fait de me traiter d'ingrate ou de cul-serré si je ne suis pas capable d'avoir des orgasmes en rafales, à chaque fois et dans toutes les positions...

Bref, j'ai l'impression que pour mériter ma place au soleil, en tant que femme, j'ai vraiment intérêt à être irréprochable... la femme idéale, l'amoureuse sublime, la collaboratrice rêvée, la fille merveilleuse, la mère parfaite, la meilleure amie du monde possible, la sœur de rêve, la copine la plus formidable, et l'amante inoubliable... Alors je fais tout et je prends des cours de tout car une femme parfaite sait forcément chanter, danser, conduire des motos, faire de l'escrime, du hula-hoop et parler tchèque ; elle apprend à coudre et à réfléchir ; à être ambitieuse et maternelle, à faire entrer sa boîte au CAC 40 (en ce qui me concerne à tourner des films et des séries tandis que d'autres sont diffusés, à faire des voix de dessins animés et de la radio, à écrire des pièces la nuit que je répète le jour pour les jouer le soir, et à essayer d'apporter des réponses brillantes à des questions pertinentes que je me serais posées grâce à des lectures intelligentes) tout en allant chercher ses enfants à l'école à seize heures et en passant la nuit à faire du sexe comme à vingt ans, sans oublier bien sûr d'avoir en plus une vie spirituelle intense à base de retraites, de méditation et de stages de yoga.

Et, naturellement, on se doit aussi d'être concernées par l'environnement et la santé de nos enfants ; nous sommes donc censées leur faire nous-mêmes leurs purées avec des légumes locaux, de saison et bio et c'est tout juste si on ne nous demande pas de revenir aux couches lavables...

Ben merde. Je revendique le droit d'être imparfaite et de ne pas utiliser TOUS les droits dont je dispose, sans pour autant m'en voir privée.

C'est ça la liberté.

Le désarroi des hommes modernes

Aujourd'hui, mon homme m'a dit : « T'es chiante. »

Je viens de m'acheter une moto sublime, superracée, élégante, 900 centimètres cubes, et sur laquelle il serait sacrilège de mettre un top-case… ce qui fait que je me balade avec mon casque sous le bras. Mais, comme j'ai déjà un sac à main assez volumineux, ce n'est pas très pratique. Surtout que, sur mes 12 centimètres de talons, j'ai un équilibre un peu précaire… Bref, je lui ai demandé de porter mon casque.

En plus du sien et des douze sacs du shopping qu'on était en train de faire.

Et c'est là qu'il m'a dit : « T'es chiante. »

Et, franchement, je le comprends.

Je ne veux pas dire que je suis chiante, mais je comprends le désarroi de ces hommes modernes qui se retrouvent face à des femmes qui, comme moi, veulent être à la fois princesse et walkyrie, petit oiseau fragile et lionne indomptable, féminine et féministe…

Comment vous dire, messieurs ?

Oui, j'aime les hommes à barbe de trois jours, mais je ne veux pas que ça pique. C'est un exemple. Je ne sais pas, moi, débrouillez-vous, inventez des poils en soie ou en coton. Oui, j'aime qu'un homme soit plus grand, plus riche et plus fort que moi.

Sauf que je porte des talons vertigineux, que j'essaie de bien gagner ma vie et que je fais du sport quatre fois par semaine.

Oui, j'aime la galanterie, même un peu à l'ancienne ; on me tient la porte, on me porte mes sacs (mon casque), on m'invite… mais pardon, c'est vrai j'aime aussi les *cojones*, les *hombres*, les *bollocks*, qui marchent devant, sans se retourner.

Oui, j'aime le pouvoir ET les hommes de pouvoir, et je voudrais être le président ET la femme du président.

Je ne veux pas être exclue des vannes potaches de vestiaires, ni que les grosses négos se fassent dans les toilettes des hommes autour d'une blague salace ; mais je ne veux pas non plus qu'on me bourre l'épaule en me riant gras dans l'oreille : « Rho t'as vu son cul à celle-là, on dirait un hangar à bateaux ! » Eh non…

J'aime la douceur, le romantisme, la tendresse ; mais aussi le cul, le cru, le dru.

Je veux un homme qui me prenne par la main et me fasse des déclarations d'amour ; mais je veux aussi qu'il me prenne par les cheveux et qu'il m'agenouille. Pardon, je sais, c'est compliqué.

Je veux un homme qui m'aide à la maison, mais qui ne se transforme pas en femme de chambre, je veux qu'il cuisine mais qu'il se pâme devant mes petits plats ; je veux qu'on se marre de tout, mais pas qu'on devienne « potes ».

Chéri, je ne veux pas un homme parfait, je veux juste que… sans que je ne dise ni ne demande jamais rien, tu saches toujours comment je vais et ce qui me ferait plaisir ; que tu fasses en sorte que je t'admire mais que tu me complimentes sans cesse ; que tu remarques le moindre gramme que je perds, la moindre nouvelle fringue que je porte et le moindre changement de couleur de mes cheveux, mais que tu ne voies jamais la nouvelle ride, le nouveau bouton ou les nouveaux kilos ; que tu sois prévenant et attentionné, doux, tendre, gentil, mais fort et puissant, un peu macho, jamais méchant… et que tu veuilles que je sois heureuse ! Tu es excitant, tu me protèges, tu es tellement drôle ; séducteur mais pas cavaleur, chevalier mais pas cavalier, tu ne triches pas, tu es franc, loyal, honnête et droit, tu boxes, tu nages, tu cuisines, tu sais réparer des trucs, tu conduis, tu couds, tu devines, tu inventes, tu joues, tu jouis, tu jubiles, tu m'aimes, tu m'attends, tu m'entends, tu me détends, tu me veux, tu me désires, tu me défends, tu me rends belle, grande, forte, entière, confiante, femme, mère, enfant, rayonnante enfin merde c'est pourtant pas compliqué de me rendre heureuse, si ????!!!!!

Pardon.

La parité, une lutte au quotidien

On le sait bien : nous vivons dans un monde d'hommes, pensé par des hommes, pour des hommes.

Depuis le dépistage et les traitements d'accidents cardio-vasculaires qui sont calculés en fonction du métabolisme des hommes (blancs) et qui laissent un nombre croissant de femmes mourir de ces maladies, aux niveaux de température des climatisations des espaces publics qui sont réglés pour satisfaire le confort des hommes (blancs) et laissent les femmes crever de froid, jusqu'à notre propre langue qui considère apparemment qu'une femme ne peut pas être, par exemple, « plombier » ni « vainqueur », et en passant par la grande majorité des décisions politiques et sociales.

Et en plus, les médias font preuve d'une mauvaise foi – ou disons d'une partialité – ahurissante.

Une étude sur l'anatomie féminine et le fonctionnement du clitoris ? On peut en entendre parler si on est très curieux et qu'on cherche vraiment bien.

Une étude sur le fait qu'en matière de pénis ça n'est pas la taille qui compte ? Immédiatement relayée partout, vous ne pourrez pas échapper à cette info (et finirez par douter de votre propre ressenti !).

Un homme violé par trois femmes dans la région de Marseille ? En Une de plusieurs journaux, dont un quotidien national.

Une femme violée par trois hommes ? Qui ? Ah bon ? Mais il était quelle heure, c'était où et comment était-elle habillée ?

Une ministre défend une nouvelle loi : mais elle a changé de coiffure, non ?

Un ministre a sa braguette ouverte : l'important, c'est son projet de loi.

Un portrait d'homme d'affaires : ses diplômes, son réseau, ses références concrètes.

Un portrait de femme d'affaires : sa situation conjugale, ses enfants, ses qualités personnelles.

Et, en plus, je me suis récemment rendu compte que même mon téléphone portable est sexiste. Sur mon Smartphone, je suis allée voir quel était le « top 10 des meilleures applications pour femmes » ; et quelle ne fut pas ma joie de découvrir qu'y figurait, en numéro un, une appli intitulée « ovulation et menstruation » – amies de la poésie bonjour –, suivie par un miroir pour se maquiller, un guide shopping, un mag déco, une appli qui me demande la couleur de mes yeux, de ma peau et de mes cheveux afin de trouver la couleur de vêtements qui m'ira le mieux, et des recettes de cuisine bien sûr… Autrement dit, uniquement des choses flattant ma superficialité et mon « goût » pour les travaux domestiques.

Bien sûr, je me suis ensuite amusée à comparer cette découverte avec le classement des applis pour hommes : logiciel pour annoter les articles de presse, gestion bancaire, jeux, guides restaurants, quatre applications pour draguer ou faire des rencontres, dont une spéciale plan à trois et une qui écrit à votre place pour les rencontres et débuts d'histoires où on ne s'échange que des banalités…

Donc si on compare, on a :

– pour les femmes, des recettes de cuisine et pour les hommes des numéros de livraison à domicile de cuisine toute faite ;

– pour les femmes, des plans et GPS pour galérer en voiture ou en Vélib', alors que les hommes ont des chauffeurs privés, taxis et VTC ;

– des idées déco et astuces ménagères pour les femmes et des services de pressing à domicile pour les hommes ;

– et « ovulation et menstruation » pour les femmes quand les hommes se voient proposer des applications sexy, des filles coquines et des plans à trois…

En gros pour les femmes une vie d'efforts, et pour les hommes une vie de confort.

Vivement que notre société soit aussi douce pour les femmes qu'elle l'est pour les hommes.

Ce sera sympa.

La parité à la maison

En mémoire de l'esclave ménagère que j'ai été et que des milliers de femmes sont encore, je voudrais ressusciter ma colère d'antan.

Je n'ai pas pu le faire à l'époque parce que je n'avais pas le recul suffisant pour en rire et surtout parce que c'est quelque chose de honteux… On a toujours le mauvais rôle quand on commence à rentrer dans la comptabilité de qui fait quoi dans la maison ; on est toujours un peu ridicule quand on raconte à ses amis que notre plus gros problème est de devoir sans cesse passer derrière notre mec pour remettre de l'ordre ; on se sent toujours un peu bête de lâcher 80 euros à une psychanalyste de renommée nationale pour lui parler ménage ; et on finit toujours par ressembler un peu à la boniche qu'on se défend de devenir… Parce que oui, effectivement, au bout d'un moment, la répartition des tâches ménagères devient notre obsession, et, oui, effectivement, au bout d'un moment on finit par en parler tout le temps…

Et c'est là qu'intervient la mauvaise foi des tyrans domestiques : elle est telle qu'ils parviennent à vous rendre, vous, responsable de la mauvaise ambiance et du climat de tension qui règnent dans votre couple ou votre famille.

« On ne peut pas parler d'autre chose cinq minutes ? Tu es vraiment obligée de ramener tes chiffons et tes torchons dans nos conversations dès qu'on a un peu de tranquillité ? »

« Ne viens pas tout gâcher avec tes histoires de ménage ; on est bien là… »

« Mais t'as vraiment que ça à la bouche ?! J'ai l'impression d'avoir épousé une mégère ! Je te jure, c'est pas très sexy… ! »

« Ben tu vois, là, j'avais envie de faire l'amour ; mais visiblement "bobonne" préfère qu'on règle nos petits comptes domestiques… Génial, j'adore ma vie ! »

C'est énervant, hein ?

En plus, l'aide qu'on prétend nous apporter dans ces moments est encore plus dommageable.

Que ce soit les copains-copines qui se sentent utiles en vous disant :

« Mais comment tu fais pour supporter ça ? Fais gaffe, c'est hyper-mauvais pour l'estime de soi…

— Sans déconner ? »

Ou qui vous demandent :

« Mais tu as essayé la grève du sexe ?

— Oui, et c'est moi la première frustrée ! »

« Et tu as essayé de tout laisser en plan ?

— Oui : il peut vivre deux semaines dans les chaussettes qui puent et la vaisselle sale... ! »

Ou les politiques et les associations qui proposent d'« aider les femmes à concilier vie professionnelle et vie de famille ».

OK, merci, mais pourquoi s'occuper d'une famille serait forcément MON problème de femme ? Pourquoi ne propose-t-on pas d'« aider les PARENTS à concilier vie professionnelle et vie de famille » ? C'est quand même insensé ! Il est acquis que les corvées domestiques sont la responsabilité des femmes...

Et même si j'ai la chance d'avoir les moyens d'engager une FEMME de ménage, ça restera *ma* femme de ménage et *mon* problème.

En gros, quoi qu'il arrive, le travail domestique reste un problème féminin.

Et la bonne blague, c'est que ce travail n'est pas rémunéré : les femmes qui travaillent (en étant bien sûr payées en moyenne en France 19,2 % de moins que leur conjoint) font donc tous les jours des heures sup' GRATUITES, et les femmes au foyer sont considérées comme des inactifs... Hilarant, non ?

Le travail domestique est donc un travail gratuit, ce qui est la définition de l'exploitation ; et c'est tous les jours en France chez vous ou à côté de chez vous, et tout le monde s'en fout ! Merveilleux.

Bref, aujourd'hui tout va bien (j'ai la chance de vivre avec un homme qui partage presque parfaitement avec moi les responsabilités domestiques) ; du coup, j'ai un peu perdu la rage… Mais, en hommage (et en soutien) à celles qui subissent encore cet asservissement, je voudrais me remémorer tout ce qui me mettait en rogne.

Toutes ces années passées à me coltiner la cuisine, les poubelles, la vaisselle, les machines, le repassage, le débarrassage, le rangement, les comptes, les listes, les courses, les dégivrages et autres corvées, bref l'intégralité des tâches ménagères pendant que mon mec n'en glandait pas une, errant mollement de la télé au frigo en se grattant les couilles sans en foutre une rame ! Parce que NON, messieurs, se brosser les dents ou se couper les ongles, ce ne sont pas des tâches ménagères !

Et puis il y a des choses que je n'ai jamais réussi à comprendre… Certains hommes pensent vraiment que le frigo se remplit tout seul ? Que les rouleaux de papier toilette sont éternels ? Que les lave-vaisselle et autres lave-linge se déclenchent tout seuls dès qu'ils sont pleins ?

À leur avis, QUI étend le linge ? QUI a fini par mettre à la machine toutes les tasses qui traînaient partout dans la maison il y a encore quelques heures ? QUI a nettoyé l'évier ? QUI a fait les courses ? QUI a enlevé leurs putains de chaussettes en tapon du milieu du salon ?

Comment peuvent-ils dire *ton* aspirateur ou *ta* table à repasser sans avoir envie de se foutre de grandes tartes dans la gueule ?

Comment font-ils pour ne pas se faire hara-kiri quand, à la question de la femme de ménage « savez-vous où MADAME range le produit à vitres ? », ils répondent le plus tranquillement du monde : « Ah ? il faut du produit pour nettoyer les vitres ? » (Ben essaie en crachant dessus, tu verras !)

Comment arrivent-ils à se supporter eux-mêmes quand ils ont transformé leur femme en esclave ?

Comment certains peuvent-ils ne pas comprendre qu'on n'*aime* pas faire le ménage, qu'on a fini par savoir repasser à force de le faire, que, non, aller au parc n'est pas notre passion et que, à choisir, on aurait d'autres hobbys que celui de descendre les poubelles ?

Bref, en France, une femme consacre en moyenne trois fois plus de temps aux tâches ménagères qu'un homme. Pourquoi la parité ne commencerait pas là ?

Harcèlement de rue : si seulement ils savaient… !

J'ai remarqué que mon humeur dépendait vraiment beaucoup de la météo : le gris me déprime tandis que le soleil me booste.

Comme tout le monde en somme.

Mais, depuis quelques années, l'arrivée des beaux jours ne me réjouit plus autant qu'avant, et je viens de comprendre pourquoi. C'est parce que je souffre énormément de la recrudescence de gros cons, qui survient tous les étés, due à l'effet combiné de la chaleur et du raccourcissement des jupes sur l'excitation de la testostérone.

Je ne parle pas du type qui pue et qui vient me coller son aisselle nauséabonde sous le nez (quoique très énervant, lui me fait ressentir plus de pitié que de colère), je vous parle de celui qui va dire en me voyant passer dans la rue : « Hé, pas mal… ! », ou « Jolie ! », ou même juste « Charmante ».

Voilà, je parle de ce type, qui n'est pas un violeur, ni même forcément un harceleur ; qui ne m'a pas touchée et n'a peut-être pas pensé à le faire, mais qui m'a juste fait… un compliment.

Un compliment… ? C'est-à-dire ?

Qu'un trou de balle au front bas s'estime donc suffisamment supérieur à moi pour se permettre de me trouver « pas mal », c'est un compliment ? C'est censé me faire plaisir ?

Ah, pardon, on s'est mal compris, je crains qu'il n'y ait un gros malentendu :

Ce que ces gros veaux pensent de moi, je m'en contrefous.

Et si ça ne me laisse pas indifférente, ça me vexe !

Enfin vous vous rendez bien compte qu'il est extrêmement humiliant de se faire toiser et évaluer par quelqu'un qu'on n'estime pas ?

Et le pire, c'est qu'eux, ces sombres connards tout imbus de leur virilité en carton, ne se remettent pas une seconde en question ; visiblement, le simple fait d'avoir une (généralement très petite) paire de couilles entre les cuisses les autorise à se considérer supérieurs…

Ce qui fait que, en plus d'être vexant, c'est horriblement énervant.

C'est-à-dire que non seulement ce sous-mec ne me considère tellement pas qu'il ne me salue pas, ne me vouvoie pas, ne me demande pas la permission de s'adresser à moi, et n'imagine même pas une seule seconde que je pourrais être importunée, dérangée, perturbée dans ce qui pourrait être ma vie tout simplement ; mais en plus il est tellement triomphant dans son orgueil, dans sa fatuité, dans sa bêtise grasse, qu'il s'octroie la légitimité de me juger, de me jauger, de me mesurer, de m'évaluer comme un objet. Objet de désir, objet sexuel de son plaisir, objet décoratif, bref OBJET. Et par-dessus le marché, ce qui pourrait me faire crever de rage, c'est que je suis obligée de subir ses ignobles bruits de bouche en baissant les yeux parce que j'ai peur qu'il soit assez con pour m'en coller une si je rétorque… ! Parce qu'il est physiquement plus fort que moi, je suis obligée de me taire et de le laisser croire – ce type que je méprise plus que tout – que je n'ai rien à répondre, ou que je consens, ou que oui c'est vrai, je suis une « hé salope vas-y passe ton chemin », ou pire encore, que je l'invite à aller plus loin.

Et je crois que c'est le plus dramatique : le moment où je mesure mon impuissance et son impunité.

Le type m'a humiliée, et il repart guilleret, ignorant et triomphant, lui le gros porc à qui toute femme appartient.

Car que ce soit celui qui jappe « Hé mademoiselle, vas-y souris ! » ou celui qui siffle « Allez mademoiselle, faites-moi un petit sourire ! », ces gros lourds ont en commun de se permettre d'exiger des choses de moi. Ça n'a l'air de rien comme ça, c'est inoffensif un sourire, sauf que, derrière cette injonction apparemment anodine, se cache un ordre, et que si je n'obéis pas, si je n'offre pas de sourire au bon plaisir de cet inconnu, comme une femme soumise, alors je serai une radasse aigrie ! À tous les coups je perds !

J'aimerais tellement pouvoir leur parler, à ces nazes…

« Que tu aies ton jean sous les fesses et ta capuche remontée ou que tu portes un costume de marque et les cheveux teints, que tu sois jeune ou vieux, grand ou petit, beau ou laid ; que tu fasses partie de cette race d'hommes pour qui les femmes sont des biches ou des dindes, des gazelles ou des morues, j'aimerais tellement que tu lises ces lignes… J'aimerais tellement t'instruire sur ce que les femmes pensent de toi !

Eh oui, obscur petit mec tout pourri, tu es un pou.

Et sache que si je baisse les yeux quand tu me siffles, c'est uniquement à cause de la peur que ta bêtise m'inspire.

Ne crois pas un seul instant que c'est parce que je n'ai ni objection ni répartie, bien au contraire ! Si je parlais, je te ridiculiserais pour toujours et te donnerais l'impression d'avoir tes tout petits testicules coincés dans la gorge. Parce que je suis un milliard de fois plus intelligente que toi, misérable petit pec'. Et pas seulement moi : toutes les femmes à qui tu t'adresses. Nous sommes plus évoluées, plus sophistiquées, plus fortes et meilleures que toi !

Parce que si vous ne faites “rien de mal”, bande de gros cons des rues, si vous ne faites que donner votre avis comme ça et qu'il n'y a pas de mal à ça, alors on peut faire pareil, nous les femmes ?

On peut donner tout haut, sans penser à mal, notre avis sur vous ?

On peut dire par exemple que toi t'es gros, que toi t'es chauve, que toi t'es pas mal, et que toi tu pues ? Que toi t'as une tête à bander mou, que toi t'es trop canon je te baiserais bien (si tu me promets de ne pas parler), que toi c'est dommage que t'aies l'œil con parce que t'as un beau boule, que toi je t'en supplie lave-toi les dents, et que toi la vie de ma mère je te jure que t'as du charme et que si t'es gentil je te traiterai bien !... Et toi, c'est bizarre pourquoi t'as des toutes petites épaules comme ça ? Et toi, qu'est-ce que t'es moche ! »

Vous voyez, ça pique un peu hein ?

Alors chers lecteurs, qui n'êtes bien sûr pas un de ces gros cons, rendez-moi service, rendez-vous service : la prochaine fois que vous voyez un mec siffler, zieuter, saouler, ou harceler une fille : intervenez !

Merci.

Retrouvons le plaisir de draguer dans la rue

Vous l'avez compris, ce qu'on appelle le « harcèlement de rue » est une de mes sources de colère les plus sûres.

Quand je le subis, évidemment, comme expliqué au chapitre précédent ; mais également quand j'en parle. Car la particularité de cette forme d'agression, c'est qu'elle n'est pas reconnue : au mieux on vous concède un « oui oh c'est vrai que c'est un peu pénible », et au pire un « enfin ça va, c'est pas désagréable non plus de recevoir des compliments ! ».

La dernière fois que j'ai osé dire que « mmh t'es bonne » n'était pas un compliment, ou que je n'appréciais pas d'être matée, jugée, jaugée, et commentée par de gros porcs décérébrés, je me suis fait traiter de « sale bourge aigrie et conne, trop vieille et trop moche pour se faire reluquer ». Bien. Visiblement, je n'ai pas su me faire comprendre.

J'ai aussi essayé d'expliquer que l'étape après « t'es bonne » est une main aux fesses, et que l'étape après la main aux fesses est le viol : « Rho t'exagères pas un peu quand même ?! »

Non, je n'exagère pas.

Bon, je vais essayer autrement.

Je voudrais lutter contre le harcèlement de rue pour que les hommes puissent à nouveau draguer les filles.

Mais oui, parfaitement !

Je pense à vous, gentils hommes civilisés qui, l'été arrivant, allez vous retrouver soudainement assiégés par des armées de filles en jupe, en rut et en fleurs, cernés par des cuisses nues que dévoilent des robes flottantes, entourés par des tétons qui pointent sous des T-shirts transparents, coincés entre des boules boudinés et des booty shakés ; toutes ces joies de la Nature dont vous ne pourrez absolument pas profiter !

Eh non ! Vous qui voulez peut-être trouver l'âme sœur, ou juste passer quelques instants de bonheur, ou même simplement discuter en tout bien tout honneur, vous ne pourrez pas.

Quelles que soient la pureté de vos intentions, la gentillesse de vos propos ou la douceur de votre comportement, messieurs, vous ne pourrez rien espérer : pas un regard, pas un mot, pas un 06. Rien !

Car si vous osez ne serait-ce que sourire à une fille, vous serez rembarrés ; si vous osez parler, vous serez insultés ; si vous la regardez, on vous traitera de pervers ; et si vous approchez, on vous traitera de harceleur, voire de violeur !

Pourquoi ?

À cause d'une poignée de connards – qu'ils soient en jogging ou en costard, qu'ils soient jeunes cons ou vieux ringards, qu'ils payent en dollars ou en dinars, peu importe –, je parle de ces gros porcs qui coincent les filles dans les couloirs du métro pour leur toucher une cuisse, un sein ou un bout de fesse ; de ceux qui se collent, se frottent ou se passent la langue sur les lèvres en les regardant avec un air de clébard libidineux ; de ceux qui les insultent, qui évaluent leur physique ou leur tenue ; de ceux qui les tutoient, les sifflent, les pincent, les appellent biche, gazelle ou chienne ; de ceux qui les déshabillent du regard, leur attribuent une note, une appréciation ou un prix ; de ceux qui se croient supérieurs et qui pensent pouvoir les dominer ou les posséder, tout ça parce qu'ils ont un petit bout de gras qui leur pend entre les cuisses !

Et je ne parle pas de ceux qui touchent, agressent, maltraitent ou violent.

Voilà, c'est à cause de ces quelques trous de baux, – oui « trou de bal » s'accorde, je fais ce que je veux – que, nous les femmes, on a peur.

Ce qui fait que quand vous nous sollicitez, vous les hommes « sympas », on vous envoie balader par mesure de précaution. Parce qu'il est impossible de faire la différence entre vous et ces sous-merdes, avant qu'il ne soit trop tard.

Alors, mesdames, messieurs, si vous voulez qu'on puisse tranquillement se chauffer dans les transports, se draguer dans les ascenseurs, ou se demander en mariage dans la rue, LUTTEZ CONTRE LE HARCÈLEMENT DE RUE !

Putsch intérieur

Qui n'a jamais fait ce cauchemar horrible d'être réduit au silence, et de hurler de toutes ses forces sans parvenir à émettre le moindre son ?

Ça m'arrive tout le temps.

J'ai un jour imaginé un truc bien pire (mais aussi bien plus drôle) : que les mots qui sortent de ma bouche disent exactement le contraire de ma pensée. Comme un putsch verbal.

« Bonjour, c'est Noémie de Lattre qui vous parle.

Mais vous pouvez m'appeler Bobonne aujourd'hui si vous le souhaitez.

Ou "femelle". Ou "esclave" !

Je tiens à confesser que je n'ai jamais pensé un mot de tout ce que j'ai pu écrire jusqu'ici ; et demande donc à tous les hommes que j'ai pu offenser de bien vouloir m'excuser. À tous ceux que j'ai traités de machos alors qu'ils étaient simplement virils, à ceux que j'ai traités de cons alors qu'ils étaient simplement concentrés sur des pensées trop élaborées pour que je puisse les comprendre, ou à tous ceux à qui j'ai reproché d'être fainéants, tout ça parce qu'ils refusaient de priver leur femme des tâches ménagères dont elles raffolent ; à vous tous, je demande pardon.

Car, je l'avoue maintenant : j'aime être dominée. J'aime les gros machos velus qui ne prennent pas la peine de m'entendre et me rabaissent avec autorité. J'aime les mecs qui en ont de bonnes grosses, les mecs façon Neandertal, bien à l'ancienne, qui me disent lors de la journée de la Femme : "Mais t'embête pas, chérie, laisse la vaisselle, tu la feras demain !"

J'aime regarder mon mec les doigts dans le nez, vautré sur le canapé en jouant à un jeu vidéo mêlant violence primaire et femmes-esclaves à gros nichons avant de me demander en se grattant les couilles : "Qu'est-ce qu'on mange ce soir ?" Ça m'excite. Tout simplement !

Les tâches ménagères ? C'est ma passion ! Je pourrais passer des heures devant une table à repasser ou un plumeau à la main. Habillée en soubrette évidemment. Et sans culotte. Parce que c'est la moindre des choses d'accueillir décemment son mari lorsqu'il rentre du travail et de se tenir à sa disposition, prête à satisfaire ses moindres désirs sexuels. Même si je n'en ai pas toujours très envie !

L'orgasme féminin ? Ce n'est pas ma priorité. S'il arrive, tant mieux, s'il n'arrive pas, tant pis ! Disons que c'est un cadeau que parfois me fait mon mari.

Parce que c'est un cadeau que nous font les hommes, il ne faut pas l'oublier !

Ah, il faut que je pense à demander à mes employeurs de bien vouloir baisser le montant de mes cachets. Il n'est pas normal que je sois payée autant que les hommes avec lesquels je travaille.

Les femmes sont moins drôles et ont moins d'esprit que les hommes, il est donc bien normal que ces derniers gagnent davantage !

Je profite également de cette tribune pour m'excuser auprès de tous les automobilistes, piétons et autres motards d'avoir osé passer mon permis. Je l'ai obtenu, mais il est évident que je ne le mérite pas : comme toutes les femmes, je conduis très mal, n'ai aucun sens des distances et des dimensions car mon cerveau n'est pas assez élaboré pour me permettre de me situer correctement dans l'espace, je ne sais pas faire les créneaux et je suis un danger public sur l'autoroute.

Par ailleurs, je confirme que je suis davantage amoureuse de mon mec depuis qu'il a pris du bide. Je le trouve plus sexy. Et plus classe.

Moi, en revanche, je fais ici le serment de ne jamais prendre un gramme ni une ride sous peine de me voir répudiée, ce que j'aurais bien mérité.

Enfin, je voulais confesser que ce que j'adore par-dessus tout, c'est lorsqu'il laisse traîner ses chaussettes sales ! Du coup, je les ramasse et je les renifle pendant des heures !

Voilà, pour conclure, je voudrais dire ceci :

Moi, Noémie de Lattre, femme objet et heureuse de l'être, je déclare ici que je défendrai jusqu'à mon dernier souffle la cause des hommes, que je les vénérerai toute ma vie et qu'ils me traitent de mégère, de connasse, d'idiote, de pute ou de salope, plus jamais je ne les contredirai. Quant à toi, homme qui un jour peut-être voudra bien de moi, je te jure obéissance et soumission jusqu'au jour de ta mort, qui sera aussi le mien, car je te suivrai jusque dans le trépas. »

Ahhhh l'enfer !

Une pensée pour toutes les femmes du monde

Je parle dans ce livre de ce que je connais : la vie d'une femme en France ; mais je n'ignore pas, dans d'autres pays, les femmes qui n'ont pas le droit de conduire, ni de voter ; celles qui n'ont pas le droit de chanter ni de se montrer tête nue…

Je n'oublie pas :

À la fin des années quatre-vingt-dix, le viol quasi systématique des Albanaises du Kosovo par les Serbes.

À partir de 2004, les milices arabes qui attaquent les réfugiés du Darfour et violent les femmes.

En ce moment dans le nord du Nigeria, les hommes de Boko Haram qui enlèvent et violent les jeunes filles scolarisées.

Les combattants de Daesh qui s'en prennent à la communauté yézidie. Là encore, les femmes sont enlevées et violées.

En Égypte, les femmes battues, violées et maltraitées autant chez elles par leur compagnon que dans la rue par des étrangers ou des policiers tout simplement, les marchés aux esclaves en Irak, les sept cents femmes assassinées en Tanzanie pour sorcellerie, les femmes brûlées à l'acide en Iran et l'emprisonnement de celles qui les défendent.

Les nombreux pays où le viol, conçu comme une arme de guerre, est utilisé de manière systématique pour détruire durablement la population.

Le Congo, où quarante-huit femmes sont violées CHAQUE heure.

Le Pakistan, où six femmes meurent tous les jours de violences conjugales.

Je n'essaye même pas de lister les atrocités commises par Daesh tous les jours ; j'avoue avoir arrêté d'écouter après avoir entendu que, selon eux, une femme violée par au moins dix soldats de l'organisation de l'État islamique devient automatiquement musulmane… Je n'ai plus la force.

Je n'ignore pas que, dans de trop nombreux pays, les femmes sont des citoyens de seconde zone ; des êtres qui ont moins de légitimité que des enfants, pour peu que ceux-ci soient de sexe masculin.

Au Liban, la loi dit : « Une personne est considérée comme libanaise si elle est née de père libanais… » C'est-à-dire que la femme libanaise qui épouse un étranger ne peut pas transmettre la nationalité à son mari ni à ses enfants. L'homme libanais a lui en revanche tous les droits. Non seulement il donne la citoyenneté libanaise à son épouse étrangère mais aussi aux enfants de cette dernière nés d'une précédente union. Un jeune garçon est donc libre de faire quelque chose qui est interdit à sa propre mère : transmettre sa nationalité !

En Irlande, un fœtus a plus de droits que la femme qui le porte : contrairement aux femmes, les fœtus sont protégés par un amendement ajouté à la Constitution irlandaise en 1983, dont les conséquences sont de nombreux cas dans lesquels les autorités irlandaises ont privé des femmes et des jeunes filles des soins médicaux dont elles avaient besoin pour donner la priorité à la vie du fœtus.

En Irlande toujours, pays pourtant si proche, les femmes n'ont pas le droit d'avorter (sauf si leur vie est en danger). La loi irlandaise, l'une des plus restrictives au monde, contraint chaque année au moins quatre mille femmes et jeunes filles à se rendre à l'étranger pour y subir une IVG chère, dangereuse et traumatisante.

En Arabie saoudite, un gamin de dix ans peut voyager seul ; pas sa mère ! En effet, une femme ne peut pas voyager sans un membre mâle de sa famille. (L'Arabie saoudite, ce pays merveilleux où les femmes sont contraintes par la loi à une soumission quasiment totale aux hommes, où les violences conjugales qu'elles subissent sont majoritairement impunies, où elles ont bien sûr l'obligation de sortir voilées, où elles n'ont pas le droit de conduire, et où elles doivent demander l'autorisation à un homme avant de pouvoir se marier, voyager donc, accepter un travail salarié, suivre des études supérieures, ou même juste tout simplement subir une opération chirurgicale.)

Cette liste est sans fin.

Sans fin.

Nous sommes tous féministes !

La liste est sans fin et, pourtant, c'est fou comme les gens deviennent débiles dès qu'on leur parle de féminisme.

Vous pouvez dire : « Je suis contre le racisme ! Les Noirs et les Blancs doivent être égaux ! » ; tout le monde vous comprend : vous souhaitez que les Noirs et les Blancs soient libres et égaux en droits, et qu'ils soient traités et respectés de la même manière.

Vous êtes un humaniste et c'est formidable.

Mais si vous dites : « Je suis contre le sexisme ! Les Femmes et les Hommes doivent être égaux ! » ; alors on vous demande si vous êtes gouine, poilue et si vous voulez faire la guerre ; et on imagine que vous souhaitez que les Hommes et les Femmes soient PAREILS.

Vous êtes une connasse de féministe belliqueuse et revancharde, et ça sera bien fait pour vous quand on ne vous invitera plus au restaurant. Morue.

En vérité, les féministes ne désirent qu'une seule chose, a priori respectable : que les femmes ne subissent plus les exactions citées au chapitre précédent.

Pas de quoi mériter des insultes... et pourtant !

Ce que vivent les féministes me fait penser à une image qui peut-être vous parlera aussi : vous êtes dans une foule (transports en commun, file d'attente, rue...) et quelqu'un vous marche violemment sur le pied. De surprise et de douleur (peut-être aussi un peu de colère), vous criez « AÏEEEE ! », et là, tout le monde se tourne vers vous avec un regard noir, l'air de vous dire : « Mais ça va pas de crier si fort ?! Qu'est-ce qui vous prend ? »

Voilà, vous êtes la victime et, pourtant, aux yeux de tous, c'est vous le coupable.

Les femmes sont malmenées, partout dans le monde, et pourtant si vous vous en plaignez, c'est vous le trouble-fête...

Pour vous dire à quel point nos sociétés ont perdu de vue le but et la nécessité du féminisme, j'ai lu récemment dans la presse, à propos du Népal où la nouvelle Constitution brime totalement les femmes, que « les féministes sont énervées par la nouvelle Constitution »... Ce qui revient à dire que les femmes ne le sont pas ? Les féministes ne se battraient que pour les féministes, et les femmes, elles, seraient d'accord avec des lois qui les oppressent, les spolient et les maltraitent ?

Alors, certes, il y a quasiment autant de féminismes qu'il y a de femmes dans le monde ; certes, les féministes ont inventé le clash (Antoinette Fouque clashe Simone de Beauvoir, Virginie Despentes clashe Élisabeth Badinter, Lou Doillon – qui est féministe comme je suis plombier – clashe Beyoncé), les allaitantes au foyer clashent les biberoneuses carriériste, etc. ; certes, les discordances, nombreuses, brouillent le discours ; certes, les pires ennemies des femmes sont souvent des femmes ; certes, ça n'est pas toujours facile (en tout cas, ça a été compliqué pour moi au début) d'avoir des élans féministes tout en étant amoureuse d'un homme ; et certes c'est épuisant, quand on s'assume féministe, de s'entendre dire à longueur de journée des phrases comme :

« Ah t'es féministe, donc tu ne veux pas d'enfant ? »

« Mais t'es pas gouine ? »

« Mais t'as un mec ? »

« Et il le prend comment ? »

« Et il en pense quoi ton mec ? »

« Ah ouais, t'es féministe, tu t'épiles pas la touffe ?! »

« Mais qu'est-ce qu'on vous a fait ? »

« Et il en pense quoi ton mec ? »

« Enfin c'est surtout un peu une histoire de mal baisée, non ? »

« Ah oui, t'es une chienne de garde, c'est ça ? Tu te balades seins nus ? »

« Franchement c'est pas un peu excessif tout ça ? »

« Et ton mec, il en pense quoi ? »

« Non, mais ça va, on est en 2016, il n'y a plus d'inégalités homme/femme en France, si ? »

« Tu ne trouves pas ça sympa de te faire siffler dans la rue ? C'est bon enfant pourtant ! »

Mais, quand même, il serait temps d'admettre que le féminisme est un humanisme, et que ces partisan(e)s méritent le respect, non ?

En tout cas, j'ai fini par l'admettre.

Et voilà pourquoi aujourd'hui, en tant que femme et en tant qu'Homme, je suis féministe !

Le féminisme n'est pas une maladie, ni une honte, ni une tare ; ça n'est pas non plus une pose, ni une farce, ni un accessoire ; et surtout ça n'est pas un plaisir, c'est une nécessité.

Croyez bien que ce n'est pas par plaisir que nous, les femmes, sommes obligées de nous définir en tant que groupe pour faire valoir nos droits, ce n'est pas par plaisir qu'un tel mouvement est né, et ce n'est certes pas facile de nous mettre d'accord à travers nos origines, nos âges, nos vies, nos opinions, nos religions et nos caractères, par la seule raison que nous sommes du même sexe.

Croyez bien que je préférerais mille fois que le féminisme n'ait pas de raison d'être… Existe-t-il un mouvement supposé rassembler TOUS LES HOMMES du monde ? NON ! Bien sûr que non !

Et n'oublions pas ce que nous devons au féminisme.

(Et, non, les féministes ne sont pas nécessairement une bande de goudous à cheveux gras et à portefeuille à chaînette !)

Je suis féministe, mais je ne suis pas forcément une chienne de garde ou une Femen ; je ne manifeste seins nus que chez moi et je ne crache pas sur des policiers (mais peut-être que je le ferais si j'habitais en Ukraine), je ne suis ni aigrie, ni revancharde, je ne suis pas mal baisée je vous remercie, et surtout je ne suis pas en guerre contre les hommes : j'en aime un, j'en adore quelques-uns, j'en kiffe des dizaines, j'en apprécie des centaines, et je les respecte tous.

Moi-même j'ai failli me faire avoir par ce mot : « féministe ».

J'ai dépensé beaucoup de temps et d'énergie pour en trouver un nouveau, tellement je détestais celui-ci. Je le trouvais masculin. J'y voyais quelque chose de martial, de cartésien et de vindicatif, qui n'avait rien à voir avec la féminité. Et puis je ne sais pas, je trouvais qu'il sentait la petite sueur aigrelette, la revendication frigide, le... beurk je ne l'aimais pas !

Voilà, je n'avais pas envie d'être une « féministe ».

J'avais envie d'être une féminine ! Une fémininiste éventuellement ! Ou une fémineuse ! Ou mieux : une FAMEUSE !

Et c'est ainsi que j'ai inventé le mot « fémininiste », pour être bien sûre de ne pas être prise pour... une féministe !

Mais je préfère réinventer un concept que réinventer un mot.

Alors, je le dis : je suis féministe et fière de l'être.

Je suis féministe et je m'épile.

Je suis féministe et je me maquille.

Je suis féministe et je regarde des pornos.

Je suis féministe et j'aime qu'on m'invite au resto.

Je suis féministe et, si je le demande, j'aime qu'on m'attache ou qu'on m'agenouille.

Je suis féministe et je ne suis pas d'accord avec tous les féminismes.

Je suis féministe et j'adore certains gros machos.

Je suis féministe et j'aime que mon mec soit plus grand et plus fort que moi, j'aime me blottir dans le creux de son épaule et me sentir protégée.

Je suis féministe et je suis légère.

Je suis féministe et j'en suis fière !

J'ai tellement hâte que les femmes se définissent enfin en elles-mêmes et non plus par rapport aux hommes !

J'ai tellement hâte qu'il n'y ait plus besoin des féministes pour qu'on puisse être libre d'être la femme qu'on veut et libre de faire ce qu'on veut !

Je suis persuadée que vous aussi. Je l'espère tant.

Alors voilà pourquoi, d'ici là, nous sommes tous féministes !

Remerciements

Merci à Christophe Absi et Anna Pavlowitch pour leur confiance et leur bienveillance,

à Frédéric Lopez, qui m'a donné une voix et m'a mise sur la voie,

et à Nicolas Lumbreras, l'homme le plus drôle du monde.

Merci aussi
à Sandrine Cardon
à Julie Chevassus
à Justine Planchon
et à Marie Guibourt.

Imprimé en France par CPI
en janvier 2016

Cet ouvrage a été mis en page par IGS-CP
à L'Isle-d'Espagnac (16)

Dépôt légal : février 2016
N° d'édition : L.01ELKN000593.N001
N° d'impression : 131704